Muhle, Dietrich Konrad

Das Kloster Hude im Herzogthum Oldenburg

Muhle, Dietrich Konrad

Das Kloster Hude im Herzogthum Oldenburg

ISBN: 978-3-86741-232-2

Auflage: 1
Erscheinungsjahr: 2010
Erscheinungsort: Bremen, Deutschland

© Europäischer Hochschulverlag GmbH & Co KG, Fahrenheitstr. 1, 28359 Bremen (www.eh-verlag.de). Alle Rechte beim Verlag und bei den jeweiligen Lizenzgebern.

Bei diesem Titel handelt es sich um den Nachdruck eines historischen, lange vergriffenen Buches aus dem Jahr 1826 (Oldenburg). Da elektronische Druckvorlagen für diese Titel nicht existieren, musste auf alte Vorlagen zurückgegriffen werden. Hieraus zwangsläufig resultierende Qualitätsverluste bitten wir zu entschuldigen.

Das
Kloster Hude

im

Herzogthum Oldenburg.

Vom

Pastor Muhle.

Mit einem Steindruck.

※

Oldenburg, 1826.
Gedruckt bei Johann Heinrich Stalling,
privil. Buchdrucker.

Inhalt.

Vorwort, S. 1 — Quellen und Hülfsmittel	Seite II.
Einleitung	7.
Beschreibung der Ruinen der Klosterkirche	10.
Zeit der Erbauung und anfängliche Bewohnung des Klosters	18.
Stifter des Klosters	22.
Schutzvögte desselben	25.
Namen des Klosters	25.
Beunruhigungen und Streitigkeiten desselben	28.
Schenkungen an das Kloster und Besitzungen desselben	31.
Alphabetisches Verzeichniß der Klostergüter	36.
Vorrechte und Einrichtungen des Klosters	54.
Muthmaßung über das Weitläufige der Klostergebäude	57.
Aufenthalt angesehener Personen im Kloster	62.
Dort beerdigte Gräfliche Personen	63.
Aebbte	64.
Zerstörung des Klosters — unsittliches Betragen der letztern Mönche	65.
Fernere Schicksale der Klostergüter	73.

Merkwürdige Gegenstände des Kirchdorfes Hude — das adliche Haus auf Hude mit dem dortigen Garten Seite 75.

der Baumhof — die Brauerei — der Ziegelhof 78.

die Meierei — die Kirche, S. 79 — die Küsterei
— die Pastorei 82.

Hübsche Ansichten im Kirchspiele auf dem Wege von Oldenburg, Bremen und Wildeshausen — Neumühlen 83. 84.

Urkunden des Klosters, Nro. 1 bis 7 85.

Anmerkungen 105.

Anhang.

Chronologische Uebersicht einer Geschichte des Kirchspiels Hude 125.

Vorwort.

Durch meine Verhältnisse zum Kirchspiele Hube in Stand gesetzt, dasselbe genau kennen zu lernen, arbeitete ich möglichst vollständige Nachrichten über dasselbe in drey Hauptabschnitten aus, welche die anfängliche Bildung der Gegend, ihre jetzige physische, naturhistorische, ökonomische und statistische Beschaffenheit, so wie die specielle Topographie der einzelnen Dorfschaften und deren Geschichte befassen, hätte dieselbe auch zum Abbrucke bestimmt, wenn nicht Gründe, zu welchen unter andern gehört, daß ein großer Theil des Werkes dem weitern Publicum kein Interesse abgewinnen und zu kostspielig ausfallen würde, mich bewogen hätten, dasselbe wenigstens vorläufig nicht erscheinen zu lassen.

Was aber dem gebildeten Publicum interessant bleibt, nämlich das ehemalige Kloster und seine Umgegend, habe ich aus dem genannten Werke herausgehoben, und gebe es im nachfolgenden Büchlein; füge auch in angehängter chronologischer Uebersicht, die schon den Oldenburgischen Blättern (1824. Nro. 26.) einverleibt ist, und hier etwas erweitert erscheint, Umrisse des historischen Theils obigen Werkes hinzu.

Wahres Vergnügen hat mir die etwas mühsame Bearbeitung der Klostergeschichte gewährt; ich habe aber auch häufig mit Bedauern gefühlt, wie mir so manches zur Vollständigkeit mangelte, welches letter durch Zeitumstände untergegangen ist! Daß meine Leser billig darüber urtheilen, und auch wohl manches finden werden, was ihnen bisher nicht bekannt gewesen ist, hoffe ich; und füge den Wunsch hinzu, daß auch durch mein Bemühen der Forschungsgeist immer mehr möge geweckt werden, um einst ein helleres Licht über diese bewunderswürdige Erscheinung des Mittelalters zu verbreiten. Vielleicht mögen sich in Münster noch einige Aufschlüsse finden.

Die vorzüglichsten Quellen und Hülfsmittel, deren ich mich bediente, sind folgende:

Die Ruinen der ehemaligen Klosterkirche. Wenn freylich ihre Lage, ihr Bau und ihr

Umfang keine Geschichte geben! so lassen sie uns doch nach fleißiger Untersuchung gegründete Muthmaßungen aufstellen.

Sagen, insofern sie weder sich selbst, noch einer allgemein nicht widerlegbaren Wahrheit entgegenstehen, den Sitten und der Verfassung der Zeit, von welcher sie reden, gemäß sind, wenn sie nicht physische und moralische Unmöglichkeiten aufstellen, sich stets gleich bleiben, durch Winke glaubhafter Geschichtsschreiber sich deuten lassen, keine Anachronismen in sich schließen, und wenn eigenthümliche noch jetzt bestehende Benennungen von Gegenden, wo das Factum sich ereignete, mit ihnen übereinstimmen.

Urkunden, oder Documenta findan. Im Oldenburgischen Landesarchive finden sich über 500 derselben, von welchen die älteste vom Jahre 1236 datirt ist. Sie sind in den frühesten Zeiten in lateinischer Sprache mit Mönchsschrift und vielen Abbreviaturen aufgezeichnet. Obgleich sie in der Regel Schenkungen, Cessionen, Ankäufe, Verkäufe, Verpfändungen u. dergl. enthalten, und deshalb wenig Material zu eigentlichen geschichtlichen Nachrichten liefern: so beleuchten sie doch dieselben hin und wieder

Denjenigen, welche mich durch Quellen und Hülfsmittel unterstützten, statte ich hiemit öffentlich meinen gebührenden Dank ab. Unter ihnen nenne ich den Herrn Archivsecretair Kohli, welcher durch ein Verzeichniß der Klosterurkunden mir freundschaftlich an die Hand ging; so wie den Herrn Pastor Gerken, der bey seiner Anwesenheit in der Hauptstadt unsers Vaterlandes durch treue Abschrift von sieben bisher ungedruckten Urkunden und durch wichtige Excerpte aus andern, die ebenfalls bis jetzt nicht gedruckt waren, mir manchen Aufschluß gab. Von des erstern inhaltreichem mit vieler Umsicht bearbeiteten Handbuche einer historisch-statistisch-geographischen Beschreibung des Herzogthums Oldenburg u. s. w. erschien der statistische Theil kurz nach Vollendung dieser Klostergeschichte, und ist der zweyte oder topographische Theil, welcher mir vorzüglich willkommen gewesen seyn würde, noch nicht herausgegeben. Ich habe daher dieses vaterländische Werk nicht benutzen können.

Hude, im May 1825.

D. K. Muhle

Nachrichten
über das
Kloster Hude.

Das Kirchspiel Hude, ein Theil des Amtes Gan=
derkesee im Kreise Delmenhorst, bietet, ohngeachtet seiner
häufig öden Striche, doch manche Gegenden dar, welche das
Schönheitsgefühl mächtig ansprechen. Windet der Wande=
rer sich hier durch düstere starrende Heide und dort durch
rollenden Flugsand: so wird er nicht selten überrascht von
Ansichten, die gleich Oasen mit Gebüsch und Kornfeldern
gekrönt ihm entgegen lachen, und in ihrer abwechselnden
Lage und in den dadurch erzeugten hübschen Partien einen
angenehmen Naturgenuß gewähren.

Solche Gegenstände findet man fast in sämmtlichen
Dorfschaften des Kirchspiels. Doch vor allen andern er=
hebt sich das Kirchdorf, wo Natur, Kunst und Ueber=
bleibsel eines ergrauten Alterthums im traulichsten Vereine
sich umschlingen.

Obgleich dieser Fleck nur einen geringen Umfang hat,
und durch Zeitumstände an seinem ehemaligen Glanze ver=
lor: so stößt man hier doch allenthalben auf einen Boden,

wie ihn kein Kirchspiel des Vaterlandes in dem Maaße auf=
zuweisen vermag, einen Boden, den man mit ganz eigenem
Gefühle betritt, als würde die Vorwelt wieder laut, und
der durch seine vielen Steintrümmer und durch das, was
einst hier war, dem Geschichtsforscher, dem Patrioten und
jedem gebildeten Manne ein hohes Interesse gewährt; denn
wer kennt nicht das Kloster Hude! Möge es mir daher
gelingen, durch Erforschung über dasselbe einen Beitrag
zur Aufklärung der Kunde des Vaterlandes zu liefern, und
dem Waller nach Hude seinen Besuch desto genußreicher zu
machen.

Wenn man von Oldenburg über die vor wenigen Jah=
ren angelegte vortreffliche Kunststraße kommt, bei Moor=
hausen links von derselbe abbiegt, und endlich auf das Hu=
der Feld gelangt: so erblickt man zwischen Laub= und Na=
delholz ein altes Gemäuer hervorragen. Beinahe ebenso
mahlt sich dieser Gegenstand, wenn man von Bremen aus
über Delmenhorst, Hohenböken, Nordenholz und Nordheide
sich Hude nähert. Wenn man aber von Berne über Neuen=
koop und Maybusch zu Hude rechts in den Baumhof gebo=
gen ist: so erheben sich bald links ganz überraschend und
ganz nahe die alten Mauern mit schon sichtbaren Spuren
ehemaliger Herrlichkeit.

Hier ist es, wo vor mehrern Jahrhunderten, als noch
ein dicker Wald mit vielem Brombeergesträuche die Gegend
verdunkeln mochte, die fromme Andacht, vom Schauerlichen
unwiderstehlich angezogen, den Geweiheten des Himmels
ein Wohnhaus der Ruhe erbaute, in welchem diese bei stren=
ger Abtödtung der Weltlust, arm und ehelos, im Beten,

Singen, Fasten und pünctlicher Abwartung sonstiger kirchlichen Gebräuche, bei Tage und bei Nacht, dem Himmel desto mehr Seelen zuführen könnten.

Denn als dieser frömmelnde Geist des Mittelalters, eingehaucht von abergläubischer Achtung gegen das Mönchswesen, den Zorn des Himmels abzuwenden, und sich ewige Seligkeit auf einer höhern Stufe durch überhäufte geistliche Stiftungen zu erwerben suchte; da kann man die Entstehung so vieler Klöster nicht anders, als einer diesem Geiste folgerechten Erscheinung zuschreiben. Wenn vielfache Landplagen, Pestkrankheiten, Ueberschwemmungen, Befehdungen, Unfälle in großen Familien, vermeinte Visionen und andere Ursachen ein Gelübde abnöthigten: dann wurde dieses gewöhnlich durch Erbauung, Erweiterung oder Beschenkung eines Klosters gelöset.. Die Bewohner desselben gelangten allmählig, und bisweilen schnell zu großen Erdengütern und fast überirdischem Ansehen, so daß die Thätigkeit und der Einfluß der Weltgeistlichen beinahe zu Grunde ging; ahneten es aber wohl nicht eher, als bis es zu spät war, daß ein durch diese Reichthümer erzeugtes ungeistliches Wohlleben und dessen Gefolge, Sittenlosigkeit, Trotz und Frechheit sich an ihnen durch eine gänzliche Auflösung ihres Asyls rächen werde. Dieses ist fast das allgemeine Bild der Klöster, dieses auch des Cistercienserklosters Hube.

Ebenfalls ist hier die eigentliche Wohnung der Mönche schon seit Jahrhunderten mit allem, was darinnen war, gänzlich verwischt; kein sichtbar kenntliches Ueberbleibsel spricht die Stäte aus, wo es einst stand, denn sie ist geebnet und gleich gemacht dem Erdboden. Nur von der Klosterkirche hat die Barbarei etwas zu zerstören vergessen, oder es gleichsam als Denkmal von dem übrig gelassen, was ihre eiserne Hand selbst an Gebäuden, die auf eine Dauer von zahllosen Jahren sich stolz erhoben, zu schlagen vermochte.

Zerstört ist das Heiligthum, umgestürzt der herrliche Chor mit seinen köstlichen Säulen und geschmückten Hochaltare, weggerissen sind die prangenden Gestühle mit heruntergefallenen Steinmassen bedeckt, oder mit Gras und Gestrippe bewachsen, ist der einst so schön getäfelte Boden, und kein Leichenstein deutet mehr die Gruft an, wo die Gebeine der alten Grafen, dieser Ahnherren von Kaisern, Königen und Fürsten, dieser Wohlthäter des Klosters, ruhen. Da, wo einst hehr und feierlich die Glocke mit weithallendem Tone der Beter Menge in das Haus des Friedens rief, da grollen jetzt die Eulen aus Trümmern, oder aus hochstrebenden Pappeln; wo einst bei der Mette und Vesper der Nachhall des Hosiannah den Bringer des Friedens und der Seligkeit vergegenwärtigte, da nisten jetzt räuberische Marder und Iltisse. So hat sich gewandelt die ehemalige Herrlichkeit, daß man es kaum wagt, aus ihrem Nachlasse zu vermuthen, wie sie war. Doch dem Forscher zieht aus den öden Mauern ein Bild vorüber, welches ihn nicht als ein Geschöpf der Phantasie umgaukelt, sondern welches ihm, geführt von der Hand der Geschichte und des Alterthums, die Ruinen selbst darstellen. Und dieses Bild wird sich näher gestalten, wenn wir zuvörderst beschreiben

Die Ruinen der ehemaligen Klosterkirche.

Diese, einzig in ihre Art, da man dergleichen im Herzogthum nicht weiter findet, sind nicht Ruinen des eigentlichen Klosters, wie man sie gewöhnlich nennt, sondern, da die wirkliche Wohnung der Mönche keine Trümmer nachgelassen hat, nach obiger Bezeichnung Ruinen der weitläufigen Klosterkirche.[1]) Sie liegen S. O. von der jetzigen Kirche, O. vom Bache, N. W. dem v. Witzlebenschen Hause im zum Erbzinsgute gehörigen Garten. Sie sind aus großen Backsteinen zusammengesetzt, stehen als ehrwürdige Denkmaale einer entschwundenen Vorzeit und des kräftigen Mittelalters da, und trotzen durch ihre Festigkeit und außerordentliche Bauart, da man die Steine eher zerschlagen, als sie von ihrem durchgegossenen Mörtel und zugefügten Ziegelstücken und Steingrus trennen kann, anscheinend noch lange dem Zahn der Zeit. Eine erläuternde Beschreibung, wie sie jetzt sind, und wie das Gebäude vormals mag beschaffen gewesen seyn, nebst anschaulichem Plan dazu, wird hier nicht überflüssig erscheinen.[2])

Folgende Ruinen sind noch vorhanden:

Nro. 1. liegt vom Gärtnerhause in's S., und ist eine der niedrigsten.

Nro. 2., in's O. von Nro. 1., eine 40 Fuß lange Mauer, wo W. und O. zwey Seitenmauern sich von N. nach S. erstrecken, deren westliche eine steinerne vom Fußboden hinaufgehende Treppe hat, die aber sehr ausgeschliffen ist. In der ganzen Mauer findet man zwey Oeffnungen.

Nro. 3., in's O. von Nro. 2., gerade am Garten, eine hohe Ruine, wo augenscheinlich das östliche Ende der Kirche war.

---

[1]) Varia Oldenb. Tom. 7. Hude.
[2]) Den Plan s. hinten. Eine Abbildung der noch stehenden Ruinen findet man vor v. Halem's Geschichte Oldenb. B. 1.

Nro. 4. ist die hohe Hauptruine, welche sich vom westlichen Ende weit nach O. zieht, dann sich nach S. herum biegt, und sich an eine ziemlich weit nach O. gehende Mauer anschließt, welche eine Außenmauer gegen S. bildet; alles im Zusammenhange. Die längste Mauer hat 6 Durchgänge, und besteht aus 3 Etagen. Am östlichen Ende findet sich eine steinerne Treppe, welche aber erst einige Fuß oberhalb des Bodens anfängt. — Diese Ruine zeichnet sich durch angebrachte Verzierungen aus, indem 4 dort befindliche über und neben einander an der Nordseite stehende Köpfe ächte Madonnengesichter zeigen, während einer nicht weit davon entfernter das Bild eines feisten Mönches darstellt. Die Mauer zieht sich gegen W. etwas nach N. herum, und zeigt den westlichen Eingang, der noch so schön bläulich glasurt ist, daß es beym Sonnenlichte strahlt. Hier sieht man nach außen eine Nische, worin wahrscheinlich ein Marienbild stand. Die ganze Mauer hat fünf Fensteröffnungen, in welchem man vor noch nicht langen Jahren eiserne Zacken zur Befestigung der Fenstern sah, und unter denselben nach S. mehrere Absätze von Grausteinen. Sonst stand auf der Mauer noch eine Etage, die aber 1736. in der Fastenzeit herab fiel [1]) und mehrere Trümmer gebildet hat, so wie auch 1715 eine andere große Masse sich unter starkem Krachen ablösete.

Nro. 5., eine nicht hohe Mauer, in's S. von Nro. 4., dem westlichen Ende derselben gerade gegenüber, die an ein abgebrochenes Stück stoßt, welches sich nach O. zieht;

---

[1]) Varia Oldenb. Tom. 7. Hude.

und welche beyde Theile der westlichen und südlichen Außenmauer sind.

Nro. 6., in's S. von Nro. 1., eine kaum noch sichtbare Grundmauer.

Zwischen diesen vorzüglichen Ruinen finden sich viele andere zerstreuet größtentheils in Klumpen liegen, wovon man in die dreyzig zählen kann.

Als Merkwürdigkeit füge ich noch Folgendes hinzu. — Bey Gelegenheit der Wegräumung mehrern Schuttes, welche vor einigen Jahren unternommen wurde, (so wie bey andern Vorfällen) grub man unter demselben, als man mit ihm einem Theil des Mühlenkolkes, der sich damals weiter als jetzt nach der Brauerey erstreckte, anfüllte, in der jetzigen Lindenallee, wo Betkapellen sollen gestanden haben, schöne glatte Backsteine auf, die alle gleichseitige Quadrate bildeten, grün, roth, gelb und in mehrern Farben glasurt und noch ganz unversehrt waren. Sie dienten wahrscheinlich den erwähnten Kapellen zum Fußboden. Auch war der Boden von Ruine Nro. 1. an bis nach dem Bache hin mit bunten Fliesen noch regelmäßig belegt.

Vor der Brauerey, und zwar etwas davon seitwärts entfernt, entdeckte man vor noch kurzen Jahren einen unterirdischen Gang, welcher sich bis an den Mühlenkolk erstreckte, und nach dem Reiherholze unter dem Bache weglaufen soll. Er war mit einem Bogen von großen Feldsteinen belegt; die Mauer hatte im Grunde 4 Fuß Dicke; und sollen sich ebenfalls Spuren eines solchen Ganges im Kirchhofsgarten finden. Vor dem Gange lag eine sehr starke Grundmauer von vortrefflichen gebrochenen Steinen.

Bey der Ruine Nro. 4. fand man am westlichen Eingange eiserne Klammer und Bicken vom besten Stahl.

Nicht weniger grub man eine dicke bleyerne Dachrenne von 6 Fuß Länge aus, welche sehr schwer war; so wie auch mehrere Todtenschädel.

Wie nun die Klosterkirche mag beschaffen gewesen seyn, werden folgende Muthmaßungen zeigen. Sie war eine bethürmte Kreutzkirche, mit Seitenschiffen und zwey Dächern versehen. Dafür sprechen folgende Gründe.

Wenn man die Ruinen sorgfältig untersucht und mit einander vergleicht; so wird man auf eine durchaus symmetrische Bauart aufmerksam, und bringt meiner Ansicht nach folgendes Gebäude heraus; h. h. (Ruine 1 und 5.) bildeten die nördliche und südliche Außenmauer, welche sich durch a. a. nach i. i. (Ruine 2 und 4) herumziehend verlängerte. Da die lange noch vorhandenen Mauer b. (Ruine 4.) wegen des sonst unverhältnißmäßigen Raumes zwischen h. h. eine Zwischenmauer muß gewesen seyn: so muß ihr gegenüber eine andere Zwischenmauer c. gestanden haben, welche mit ihr einen Raum d. bildete. Hieraus erhellet, daß d. das eigentliche Schiff der Kirche, und der von a und c. und b und a. eingeschlossene Raum zwey Nebenschiffe e. e. ausmachten. Die Mauern i. i. (Ruine 2 und 4.) stehen gerade einander in ihre Biegung auch h. h. gegenüber, und müssen mit letztern durch a. a. zusammen gehangen haben, sind also mit denselben die nördliche und südliche Außenmauer. Weil nun i. in l. (östlich) und in f. (westlich) nach S. sich ausbeugen, und k. der noch stehenden Mauer g. gegenüber liegt; so muß f. an c. und l. an o. sich geschlossen (wie dies bey g. und b. der Fall ist). und l. gegenüber eine Mauer m. gestanben haben. Da ferner in dem Raume zwischen i. i. keine Zwischenmauer (wie sie zwischen b. und c. Ruine 6 ist) sich findet: so machte dieser Raum das Kreuz k. k. k. aus. Weil r. (Ruine 3) ein Pfeiler ist, so muß demselben symmetrisch ein anderer s. zugefügt gewesen seyn, um den Chor zu stützen. Nach der Analogie mit ähnlichen Kirchen kann man beym Chor noch zwey Mauern n. n. annehmen, welche in der Biegung an i. i. und dadurch an a. a. sich anschlossen, auch (wie bey dem Schiffe der eigentlichen Kirche b. c.) zwey Zwischenmauern o. o. sich denken, welche b. c. gegenüber standen. Der Raum zwischen n. o. und n. o. machte die Seitenschiffe p. p., und und der Chor q. mußte sich daher zwischen o. o. befinden. Die Mauern n. n. können aber nicht so strenge bewiesen werden, indem von i. i. und l. an bis r. keine Ruinen vorhanden sind.

Das es eine Kreutzkirche war, deren Kreutz, wie gewöhnlich, zwischen dem Chor und der eigentlichen Kirche ablief, und daß wenigstens diese letzte zwey Nebenschiffe hatte, wird aus Obigem bewiesen seyn, wozu ich noch füge, daß die Seitenschiffe wahrscheinlich mit Altären besetzt, und daß vielleicht, statt der Seitenschiffe des Chors, Kapellen angebracht waren.

Sollte man glauben, daß die Kirche deshalb nicht mit Thürmen versehen gewesen sey, weil die Mauern, namentlich die Grundmauer Ruine 6, zu schwach sind, um einen Thurm zu tragen, und der starke Pfeiler r. zur Stütze des Chors erforderlich war: so muß man bedenken, daß die beiden Binnenmauern 3 Fuß stärker sind, als die nördlichen und südlichen Außenmauern, damit Thürme darauf ruhen konnten. Wie viel Thürme aber die Kirche geziert haben, läßt sich nicht ausmitteln.

Das Schiff der Kirche war höher, als die Nebenschiffe. Dieses beweisen die Fensteröffnungen in der Ruine Nro. 4. welche über 40 Fuß hoch stehen, und dem Hauptschiffe Licht gaben. Auf den unter denselben hervorragenden Graustenen ruhete das Dach des Nebenschiffes, und schloß sich an die Mauer g., wo man noch eine schräge Einkerbung zum Behufe desselben antrifft. Es muß daher auf der Kirche ein zwiefaches Dach gewesen seyn. Die **Größe des ganzen Gebäudes**, so wie die durchaus entsprechende Proportion der Länge und Breite in allen Theilen, wird sich dem Augenscheine nach, und wie es obige Beschreibung giebt, folgendermaßen verhalten haben:

die ganze Länge betrug 180 Fuß,

die ganze Breite 80 Fuß,

die Schiffe waren lang 80 F. also $\frac{4}{9}$ der ganzen Länge,

das Hauptschiff war breit 40 Fuß,

die beiden Nebenschiffe breit à 20 F. = 40 F.

der Durchgang durch das Kreuz 40 F., also $\frac{2}{9}$ der ganzen Länge.

Die Ausdehnung des Kreutzes von N. nach S. 100 F.

Der Chor war lang 60 F., also $\frac{2}{6}$ ($\frac{1}{3}$) der ganzen Länge; breit muthmaßlich 40 F.

Bey diesem allen sind die Mauern nicht mit gerechnet, welche ohne die Pfeiler 2 bis 5 Fuß Dicke haben, gegen N. und S. 2 F., gegen O. und W. 4 und 5 F., die Zwischenmauern 5 F. — Das ganze Fundament mit den vorhandenen Trümmern deutet auf ein nicht kleines Gebäude, und beweiset hinlänglich, daß die Ueberbleibsel,

welche

welche wir in Augenschein nehmen, nicht von dem eigentlichen Kloster, sondern von dessen Kirche sind.

Daß bey derselben mehrere Kapellen gestanden haben, begünstigt nicht allein die Sage, sondern auch die Untersuchung des Terrains selbst. Da, wo jetzt westlich von den Ruinen mehrere Reihen Linden stehen, fand man bey der obengedachten Wegräumung des Schuttes Grundmauern, welche im Ebenmaaße an 20 Fuß von einander lagen. Diese bildeten höchstwahrscheinlich die auf der angegebenen mit der Breite der Nebenschiffe übereinstimmenden Fußzahl gestandenen Kapellen, welche in der aufgegrabenen Fläche fünf ausmachen müssen, sich aber nach der Meyerey sollen erstreckt haben, und Betkapellen waren. Man giebt ihre Zahl auf 7, 12,[1]) 14 und 19 an, und begreift unter ihnen die jetzige Kirche als die kleinste. Indessen ist dieses durch die Sage vergrößert und entstellt; wenigstens war die nunmehrige Kirche keine Kapelle.

In ältern Zeiten waren die Ruinen zahlreicher, als jetzt, wie sich noch bejahrte Eingesessene erinnern. Aber die Landleute schlugen, als die Gemäuer noch in der Gemeinheit standen, vieles davon ab, so daß man noch gegenwärtig Gebäude findet, die aus ihnen aufgeführt sind. (1) Durch ihre jetzige Lage werden sie vor menschlicher weitern Zerstörung bewahrt; jedoch fallen durch Verwitterung bisweilen einige Stücke von ihnen ab.

---

[1]) Inventarium der jetzigen Kirche S. 3.

Geschichtliche Nachrichten
über
das Kloster.

Die Zeit der Erbauung und anfänglichen Bewohnung des Klosters wird verschieden angegeben, da man nämlich die Jahre 1079,[1]) 1190,[2]) 1191,[3]) 1236[4]) und 1272[5]) annimmt. Alle diese abweichenden Nachrichten haben ihren Grund darin, daß das Kloster nicht auf einmal gebauet, sondern zu verschiedenen Zeiten aufgeführt wurde; auch wohl verlassen und wieder bezogen seyn mag; daß man es mit einem Kloster zu Bergedorf verwechselt hat, und daß man daher aus verschiedenen Quellen, sie seyn nun schriftlich oder mündlich, seinen Ursprung schöpfte. Im Jahre 1079 kann hier keine Wohnung für Cistercienser gewesen seyn; denn diese Mönche entstanden 1098, und siedelten sich erst in der Mitte des 12ten Jahrhundertes in Deutschland an (2). Jedoch muß vor 1236, und schon in den ersten Zeiten des 12ten Jahrhunderts, ein Kloster zu Hude gestanden haben, welche Behauptung sich auf folgende Gründe stützet.

Otto, des Grafen Elimars I. Sohn, welcher 1119 auf einem Turnier zu Göttingen war,[6]) liegt hier begraben.[7]) Im Landesarchive fand sich noch im J. 1758

---

[1]) Winkelmanns Chr. S. 264, u. dessen Not. p. 301. [2]) Shiphowers Chr. p. 145. [3]) Oldenb. Kalender 1785. [4]) v. Halems Oldenb. Gesch. I. S 220. [5]) v. Witken critische Beiträge Nro. 2, und Büschings Erdbeschreibung Th. 5. Bd. I. S. 820. [6]) Büntings Braunschweigisch-Lüneb. Chr. Th. 3. Blatt 47. [7]) Hamelmanns Chr. S. 59.

ein jetzt verlorner Schenkungsbrief an daſſelbe von 1206. ¹) In keiner der vorhandenen Urkunden kommen die dem Kloſter gehörigen, zunächſt liegenden bedeutenden Grundſtücke vor, namentlich das Huber Feld, worüber doch entweder Documente waren, oder, welches wahrſcheinlicher iſt, die Mönche haben dieſes Feld, ihrer Gewohnheit nach, ſchon ſehr früh, als ihnen nahe, lange vor 1236 ſelbſt cultivirt. Im Ausgange des 12ten oder im Anfange des 13ten Jahrhunderts trifft man einen Grafen Moritz im Kloſter Hude an. ²) Die Raſtädter Chronik gedenkt des Kloſters beim Jahre 1240. ³) Schon 1242 kauft es einen Zehnten bei Alteneſch, ⁴) und 1272 ein Gut zu Kleindalſper mit Zehnten und ſonſtigem Pertinenz, ⁵) welches es doch wohl nicht hätte thun können, wenn es urſprünglich erſt 1236 wäre gegründet worden. Es hatte ſchon vor 1237 Beſitzungen im Stebingerlande, wo ihm damals ein mit einem andern Kloſter gemeinſchaftlich gehöriges Grundſtück zum alleinigen Eigenthume überlaſſen wurde. ⁶) Auch heißt es in einer Urkunde von 1236: „es nahm zum andernmal ſeinen Anfang an einem Orte, welcher in gemeinen Leben Hutha genannt wird." ⁷)

Man muß daher, weil es bald nach 1236 wohlhabend erſcheint, eine doppelte Erbauung oder Erweiterung des Kloſters annehmen, und damit die Geſchichte der Ciſtercienſer zu Bergedorf in Verbindung bringen. Daß in dem gedachten Jahre 1079 ein andächtiger Graf, oder was es

---

1) Schloifers geogr. und hiſtor. Beſchreib. der Grafſch. Oldenb. und Delmenh. in Büſchings Magazin Th. 3, S. 141 u. 150. 2) Hamelmann S. 61. 3) Chr. Raſt. p 101. 4) Doc. Hud. Convolut l. Nro. 5. 6) Doc. Hud. Nro. 45. 7) Doc. H. Conv. I. Nro. 1. 8) Doc. H. Conv. DD. Nro. 1a, ſ. Urkunde I.

sonst für ein Großer mag gewesen seyn, zu Hube ein kleines Kloster oder eine Klause gestiftet habe, welche er diesen oder jenen Religiösen anwies, oder daß die Mönche sich in dieser damals waldbedeckten Gegend niederließen, um, ihrer Gewohnheit nach, sie zu lichten und anzubauen, ist, nach der Uebereinstimmung mit ähnlichen Vorfällen der Zeit, ganz glaubwürdig. Nach dem Inhalte der Rastädter Chronik, womit Shiphower übereinstimmt,[1]) gewinnt man über die zweite Gründung folgende Ansicht.

Schon in der letzten Hälfte des 12ten Jahrhunderts (seit 1190 [2])) wohnten Cistercienser in einer dürren Gegend zu Bergedorf (Bastrup), Kirchspiels Ganderkesee; und da man diese mit den Huber Mönchen verwechselt hat: so setzte man die Erbauung in das Jahr 1190. Die Cistercienser hatten jedoch auch zu Bergedorf kein Kloster, sondern lebten nur armselig nach alter Weise in kleinen Hütten (mansiunculae parvae — laura —) nahe zusammen, und lasen nachher wegen des 1192 oder 1195 oder 96 ermordeten Grafen Christians des Kreutzfahrers errichteten und der heil. Margareta geweiheten Kapelle Seelenmessen für den Geschiedenen.[3]) Als sie aber hier ein Kloster bauen wollten, und schon Anlagen dazu gemacht hatten, wurden sie von den bereits 1187 aufgeregten Stedingern, welche vorzüglich die Geistlichkeit anfeindeten, und, neben dem Huber Kloster, kein anderes, als ihnen lästig, dulden wollten, überfallen, und von denselben die Grundlagen zerstört. In dieser Noth wandten sich die

---

[1]) Chr. Rast. p. 100 und 101; Shiph. p. 145. [2]) v. Halem I. S. 219. [3]) Chr. Rast. u. Shiph. l. c.; Hamelm. S. 117; v. Halem I. S. 180 und 181.

Cistercienser an den Grafen Moritz I. (Bruder des ermordeten Christians) mit der Bitte, ihnen einen Aufenthalt in dem von dem Grafen selbst manchmal bewohnten Kloster Hude zu verstatten. — Diese ihre Bitte wurde gewährt. Doch auch hier traf sie die Erbitterung der Feinde; sie wurden ebenfalls aus diesem Asyl durch dieselben verjagt, und mochten so unstät und flüchtig umherirren, während die schaudervolle, an 50 Jahre dauernde Stedinger Fehde noch nicht ausgefochten war, immer ihre Augen nach dem geliebten Hude richtend, wo, wenn gleich sie hier in einer nur armseligen Wohnung (vili tegmine) lebten, es ihnen doch behaglicher war, als in dem gar zu trocknen Bergedorf. Als aber im Jahre 1234 die Stedinger bei Altenesch besiegt waren, konnte ihre fromme Sehnsucht nach Hude befriedigt werden; und es erhob sich, statt der vormaligen armseligen Klause, ein neuerbautes oder doch sehr vergrößertes herrliches Kloster, welches durch seine allmälige oder wahrscheinlich schnelle Zunahme sie für ihre vielen bangen Stunden hinlänglich entschädigte. (3)

Es leuchtet hieraus hervor, daß die Cistercienser zu Bergedorf ihren beabsichtigten Bau aufgaben, in das Kloster Hude aufgenommen wurden, und sich mit den dasigen wenigen Mönchen vereinigten, welches um so mehr geschehen konnte, wenn diese zu der Zeit auch schon Cistercienser waren, oder doch wenigstens zu deren Stamme, den damals schon weit verbreiteten und auch zu Rastädt sich aufhaltenden Benedictinern, gehörten. — Die Errichtung dieses letzten Klosters zu Hude, von dessen Kirche die jetzigen Trümmer herrühren, fällt also entweder in das Jahr 1234 oder doch bald nach demselben; und möge man dafür, der gewöhnlichen Meinung zufolge, das Jahr

1236 stehen lassen. Denn daß man aus einer Urkunde von 1272 ¹) beweisen will, es sey in diesem genannten Jahre gebaut, leuchtet durchaus nicht aus derselben hervor, indem die sich darin aussprechenden Wohlthäter bloß sagen: „da wir Stifter des Klosters sind", ohne zu berühren, daß sie es in dem Jahre der Ausstellung gegründet hätten.

Wer war denn der eigentliche Stifter des Klosters Hude? Auch darüber sind die Meinungen aus dem selbstrebenden Grunde einer verschieden angenommenen Jahrszahl getheilt. Hamelmann ²) und Winkelmann ³) nennen einen Grafen Udo, welcher Canonicus und zuletzt Bischof zu Hildesheim war, und ein Sohn des Grafen Johanns X. gewesen seyn soll. Sie leiten von ihm den Namen Hude her, indem das vorgesetzte H Herr bedeute, also aus den zusammengezogenen Wörtern Herr Udo Hude entstanden wäre. Wie sehr gesucht dieses sey, springt jedem unbefangenen Leser sogleich in die Augen; und muß diese Benennung unsers Ortes einen andern Grund haben, indem sonst so viele Gegenden, welche denselbigen Namen führen, ⁴) ebenfalls das Andenken eines Udo bewahrten. Auch läßt sich daran zweifeln, daß ein Udo in der uralten Oldenburgischen Grafenreihe sich finde; und ein Bischof von Hildesheim dieses Namens, der von 1079 bis 1114 saß, war ein geborner Graf von Alvensleben. ⁵)

Der Pastor Meyer ⁶) nennet Otto, Grafen von Delmenhorst, als den Stifter des Klosters. Er wird wohl

---

¹) Doc. Hud. Nro. 45, s. hinten Urkunde 5. ²) Chron. S. 25.
³) Chr. S. 364. ⁴) s. Anmerkung 6. ⁵) Hamelm. S. 25.
⁶) Muthmaßliche Gedanken vom Oldenb. Wunderhorn S. 34.

das Seinige zur Gründung des zweiten Klosters beigetragen haben; wenn wir aber auf die anfängliche Stiftung zurück gehen: so kann er diese nicht beschaffen haben, da er in spätern Zeiten (im 13ten Jahrhunderte) lebte.

Es läßt sich indessen in der durch Mangel an Nachrichten undurchbringlichen Dunkelheit durchaus nicht bestimmen, wer das ursprüngliche Kloster, oder die Klause, gestiftet habe; denn dieses zog nicht die geringste Aufmerksamkeit auf sich, und nur erst durch seine zweite Erbauung, und als es durch seine vielen Güter reich und sehr angesehen wurde, machte es die Schriftsteller der Zeit aufmerksam. Vielleicht war der Erzbischof Liemar von Bremen Miturheber des ersten Baues; denn seine Regierung fällt in die Jahre 1072 bis 1101.

Die Stifter des letztern Klosters lassen sich desto eher angeben. In der erwähnten Urkunde von 1272 erklären sich selbst dafür: die Gräfin Richenza und ihre Söhne Otto, Christian, Moritz und Heinrich. Christian begreift noch mit darunter seine Gemahlin (Jutta), seinen erstgebornen Sohn Johann, wie auch seine übrigen Kinder, welche letztere wahrscheinlich die (im Verfolge der Urkunde als Herrn von Melme aufgeführt) natürlichen Kinder des Grafen waren. Otto III. (eben der, welchen Pastor Meyer meint) war Graf von Delmenhorst, Christian Graf von Oldenburg, Moritz Domherr in Bremen und Propst zu Wildeshausen, Heinrich starb in früher Jugend.[1] Diese müssen für die eigentlichen Stifter angenommen werden, wozu man noch ihren gemeinschaftlichen Vater Johann X. fügen kann, der freilich in dieser Urkunde nicht vorkommt,

---

[1] v. Halem I. die angehängte zweite Stammtafel.

weil er noch vor 1272 starb; aber doch in andern Documenten als Geber erscheint,¹) und überhaupt sehr mildthätig gegen Geistliche war, so daß er selbst im Osnabrückischen das Kloster Vorstel errichtete.²) Unter den oben genannten Grafen finden wir vorzüglich Otto III. als mächtig und reich,³) und konnte er daher desto eher dem Geiste der Zeit fröhnen. Schiphower spricht von der Gründung des Klosters: „es hätten auf Vergünstigung des Kaisers Friedrich und des Erzbischofes von Bremen die Erzgrafen von Oldenburg mit Willen der schildbaren Männer (Ritter) das königliche Hude gestiftet."⁴)

Es waren also Grafen von Oldenburg, welchen das Kloster seine Entstehung zu verdanken hatte, und welche vorzüglich es reich und angesehen machten. Daher wurde auch in einem Vergleiche und bei der Uebergabe des Hauses Delmenhorst von dem Erzbischofe Nikolaus von Bremen, als gebornem Grafen von Delmenhorst, an den Grafen Diedrich von Oldenburg, bewiesen, daß das Kloster Hude anfänglich von Oldenburgischen Grafen gestiftet sey;⁵) und auch nach der Zerstörung desselben beriefen sich diese darauf.⁶)

Daß nicht weniger eine weitläufige Collecte den Bau sehr erhob und beschleunigte, möchte zu muthmaßen seyn, und begünstigt die Sage, daß, der heiligen Zahl gemäß, sieben Mönche sieben Jahr weit und breit milde Gaben zusammen brachten. Die Dankbarkeit errichtete ihnen steinerne Bildnisse im Klostergarten, und die nachherige Zer-

---

¹) Doc. H. Conv. I, Nro. 15, 18; Conv. DD, Nro. 1 b. ²) von Halem I. S. 223. 224. ³) Wolteri apud Meib. I. p. 61; v. Halem I. S. 254. ⁴) Chr. p. 145 und Chr. Rast. p. 100.
⁵) Hamelmann S. 177. ⁶) Acta Oldenb. wider Münster bei v. Halem II. S. 57.

trümmerung verschonte dieses Andenken, welches noch ohn=
gefähr in der Mitte des 17ten Jahrhunderts soll gestanden
haben. Wieviel die hiesige Umgegend durch persönliche
Dienstleistung und sonstige Beisteuer zur Errichtung des
Heiligthums wird beigetragen haben, möchte aus der Sage
zu nehmen seyn, daß man in einem Umkreise von zwei
Meilen süße Milch brachte, um damit den Mörtel zu
desto größerer Dauerhaftigkeit anzumengen. Den Taglohn
der Arbeiter beim Bau schlägt man zu 3 gr. oder 1 Scheffel
Rocken an, welches nicht unglaublich ist, da 100 Jahre
später zu den Zeiten des Grafen Konrad I. der Preis des
Rockens als sehr hoch zu 12 gr. angegeben wird,[1]) und noch
im Anfange des 15ten Jahrhundertes bei Erbauung eines
neuen Rathhauses zu Bremen ein Scheffel Gerste 7, höch=
stens 8 gr. galt.[2]) (4)

Grafen von Oldenburg hatten durch Bezwingung der
Stedinger den Cisterciensern einen erwünschten Wohnsitz
erworben, hatten sie aus einer dürren Gegend in ihr
fruchtbareres, von einem Bache benetztes und angenehmes
gelobte Land geführt, wo ihnen in der Nähe eine gras=
reiche Fläche entgegen winkte, und noch mehr das eben=
falls nahe üppigere Stedingerland sie einen Theil der
Beute des Sieges erwarten ließ. Es war daher natür=
lich, daß auch die gedachten Grafen ihre Schutzvögte
wurden, die Diener des Himmels und der heiligen Jung=
frau gegen alle Angriffe vertheidigten, und dahin sahen,
daß das geweihete Gut nicht wieder in unheilige Hände
gelangte, indem sie anderseits zu einem immer höhern Em=
porkommen wirkten. (5)

---

[1]) Hamelmann S. 144. [2]) Rollers Geschichte Bremens II, S. 316.

Diese verwalteten sämmtliche Güter der Mönche, nahmen alles, was des Mittelalters fromme Gesinnung spendete, entgegen, bestätigten die Gültigkeit dieser Schenkungen, und attestirten dieselbe, wie so viele Documente zeigen,[1]) übten auch die bürgerliche und peinliche Gerichtsbarkeit in vorkommenden Fällen aus.[2]) Als eine Gerechtsame dafür findet man, daß das Kloster den Jägern der Schutzvögte jährlich vier Ellen graues Tuch, wie es dort verfertigt wurde, und auch zwei Knechten derselben jedem vier Ellen von dergleichen geben mußte.[3]) Da der Cistercienserorden einen freyen Mönchsstaat bildete: so konnte der Erbzischof von Bremen wenig oder keine Gewalt über das Kloster ausüben.[4])

Die Klöster der Cistercienser waren der Jungfrau Maria geweihet, und erhielten ihre Benennung davon. Auch unsere Mönche verfehlten nicht, diese Heilige insbesondere anzurufen, „welche sich freuen mußte, — wie Shiphower und die Rastädter Annalen aussprechen,[5]) — daß sie für ihre Verehrer einen so vortrefflichen Ort, wie Hude, erhalten hatte." Daher bekam auch unser Kloster den Namen eines Marienklosters, wobei aber die Zusätze verschieden sind. Es erscheint in den beiden ältesten noch übrigen Urkunden von 1236 und 1257 unter der Benennung rubus sanctae Mariae[6]) (Brombeere der heil. Maria). So war denn die erste Anlage ein „Brombeerkloster" ge-

---

[1]) Doc. Hud. Conv. 1, Nro. 14, 16, 20; Conv. 2, Nro. 22, 26, 29, 32 u. a. [2]) v. Halem l. S. 149, 150. [3]) von der Speden Erbbuch bei von Halem l. S. 523, Anmerk. [4]) Doc. H. Nro. 164, s. hinten Urkunde 4. [5]) pag. 100 und 145, s. Anmerk. 3. [6]) Doc. H. Conv. DD, Nro. 1a und Conv. 1, Nro. 1.

nannt; von dem vielen Brombeergesträuche, welches in hiesiger Gegend wächst, und damals gewiß noch weit mehr sich fand, oder gar gehegt wurde, [1]) weil man die edlern Himbeeren, Johannisbeeren u. a. nicht so allgemein hatte. In den andern Documenten heißt es: coenobium oder monasterium s. Mariae Cisterciensis ordinis dioeceseos Bremensis [2]) (Kloster der h. Maria Cistercienserordens im Bremischen Kirchsprengel); conventus s. Mariae Cist. ord. etc. [3]) (Convent oder Versammlung, ein Kloster, Stift des h. Maria Cistercienserordens); conventus portus s. Mariae [4]) (Kloster des Hafens der h. Maria); ecclesia portus s. Mariae [5]) (Kirche des Hafens der h. Maria); conventus Mariae de portu [6]) (Kloster der Maria vom Hafen); conventus beatae virginis in portu [7]) (Kloster der gebenedeyeten Jungfrau im Hafen); auch kurz: das Kloster Hude oder zur Hude. [8]) Diese letzte Benennung bezeichnet eine Trift, auch häufig ein Gut, Landgut und Wohnung mit der Bedeutung des Schutzes, Verbergens oder Gewahrsams (Huth) (6), und wird in den Urkunden geschrieben: Hutha [9]), Hudha [10]), Huda und Hude. [11]) Wahrscheinlich erhielt dieser Ort seinen Anbau und seinen Namen erst bei der Ansiedelung der Mönche, indem sie sich eine Wohnung dort erbauten, wo sie unter der h. Jungfrau Schutz in Frieden zu leben gedachten, und in welchen sie nach vielen erduldeten Stürmen gleichsam

---

[1]) Doc. H. Conv. B, Nro. 33. [2]) Doc. H. Conv. 1, Nro. 17. [3]) Doc. H. Conv. 1, Nro. 2. [4]) Doc. H. Conv. 1, Nro. 5; 2, Nro. 31. [5]) Doc. H. Conv. 1, Nro. 6. [6]) Doc. H. Conv. 1, Nro. 8. [7]) Doc. H. Conv. 1, Nro. 12. [8]) Doc. H. Nro. 121, 122, 123, 125 u. a. [9]) Doc. H. Conv. DD, Nro. 12; Conv. 1, Nro. 9 u. a. [10]) Doc. H. Nro. 102. [11]) Doc. H. Conv. A, Nro. 7, 3; B, 34.

in einen Hafen ihrer göttlichen Beschützerin (portus s. Mariae) eingelaufen waren; so wie die vereinigten Mährischen Brüder in dem 1722 angelegten Herrenhuth sich sammelten. (7) — Die Klosterbrüder (Conventualen) nannten sich selbst: fratres portus s. Mariae coenobii [1]) (Brüder des Hafens des Marien=Klosters), oder kurz: conventus in Huda, conventus Hudanus [2]) (Convent zu Hude, Huder Convent). Der Name „Mönnichhude" (Monnikehude) steht nicht in den Urkunden, wird aber wohl von ältern Schriftstellern gebraucht. [3])

Das Siegel des Klosters war Maria sitzend und das Christuskind auf dem Schooße mit der linken Hand haltend; die Umschrift: S. conventus portus Stae Mariae. [4])

Die Stille, welche die Mönche sich versprochen hatten, konnte aber weder von der heiligen Jungfrau, noch von den Schutzvögten immer erhalten werden. Daher findet man hin und wieder Beunruhigungen und **Streitigkeiten des Klosters**. Schon in den ersten Jahren seines Daseyns wütheten Stürme im Hafen des Heiligthums. Die allgemeine Verwilderung, welche in unserer Gegend durch die lange Stedinger Fehde desto mehr sich verbreitete, und Raubritter der Zeit trachteten nicht selten, wie ein Alterthumsforscher sich ausdrückt, [5]) „als Centauern und Harpyen, gleich den gierigen Raben, nach den Gütern der Kirche, eigneten sich dieselben zu, und wandten sie zu ungeistlichem Gebrauche an, so daß

---

[1]) Doc. H. Conv. 1, Nro 15. [2]) Doc. H. Conv. A, Nro. 5, 7; B, Nro. 34. [3]) v. d. Specken Erdb. bei v. Halem I, S. 323; Atlas minor. ex off. Janssonii, (Amstelod. 1651) p 233; Winkelmanns Chr. die Charte S. 58. [4]) Doc. H. Nro. 461; varia Oldenb. VI. alte Briefe. [5]) Meib. script. rer. Germ. III. p. 248.

man die Diener der Kirche und die Armen nicht berück=
sichtigen konnte." Es waren selbst Oldenburgische Grafen
aus der Wildeshauser Linie, Ludolf und Heinrich, die
ihrem Vetter, dem gegen das Kloster freigebigen Grafen
Heinrich dem Bogener, so wenig ähnelten, daß die kaum
entstandene Stiftung durch sie bald ihrem Untergange nahe
gekommen wäre. (8) Wenn Pilger mit heiliger Andacht
aus Friesland nach Hude zum Gnadenbilde wallfahrteten,
um dort anzubeten, und durch dargebrachte Geschenke sich
den Himmel zu erwerben; dann kamen ihnen die Weg=
lagerer zuvor, und nahmen ihnen die Gabe ab. Auch wur=
den die Meyer des Klosters so hart von ihnen gedrückt, daß
sie jenseits der Elbe [1]) fliehen mußten; die Kirche sammt
den Klostergebäuden wurden geplündert, mehrere Zierrathen,
Kappen, Kaseln, Kelche u. dergl. aus denselben entführt.
Konnten oder mochten die Schutzvögte ihre streifenden Vet=
tern nicht abwehren, genug die Mönche wandten sich in
ihrer Bedrängniß an den Erzbischof Gerhard II., (9) wel=
cher sie schützte, und die Sache, wie es scheint, an den
Papst Alexander IV. gelangen ließ. Denn dieser spricht
sich in einer Urkunde von 1256 [2]) wenigstens im allgemei=
nen also aus: „er habe nicht ohne Herzeleid erfahren,
wie die Mönche von Uebelthätern Frevel und Beraubung
erduldeten"; denn „sie hätten sich über häufige Gewalt=
thätigkeiten und fortwährenden Mangel an Gerechtigkeit
beklagt." Der Papst sprach nachher den Bann aus über
diejenigen, „welche die Besitzungen der genannten Brüder,
sie beständen nun in Gebäuden oder sonstigen Gegenstän=

---

[1]) Renner J. 1200. Ist wahrscheinlich verschrieben, und wird
wohl statt Elbe Ollen heißen müssen. [2]) Doc. H. Conv. 1,
Nro. 21.

ben, unehrerbietig antasteten, oder ihnen ungerechterweise
dasjenige vorenthielten, was ihnen in Testamenten vermacht wäre." (10) Der Erzbischof vertrieb die Dränger,
welche wahrscheinlich auf ihrer Burg Brookhausen starben,[1]) doch wohl nicht in großer Armuth, weil man nachher noch von ihnen Geschenke an das Kloster findet.

Auch mehrere Jahre nachher hatte sich das Kloster
noch nicht wieder erholt, manche ihm entzogene Grundstücke nicht wieder ersetzt erhalten, und Beunruhigungen
vom Grafen Johann (wahrscheinlich dem S. 23 genannten
Mitstifter) erduldet. Die Mönche wählten nun auf Anrathen des gegen sie so freigebigen Erzbischofes Giselbert
1289 den aus Stade gebürtigen damaligen Propst des Klosters Lilienthal, Arnold, zu ihrem Abte, der, da er zu
Hude alles verfallen fand, den Wohlstand erneuerte, unter
andern drei Güter zu Garnholz wieder herbeischaffte, und
die dortigen Häuser wieder aufbauen ließ. Graf Johann
gab zum Schadenersatz drei Zelter (Tellers) und zehn andere Pferde.[2])

So wie diese Angriffe wahrscheinlich aus Mißmuth
über zu große Schenkungen, zum Nachtheile der eigentlichen Erben, entstanden: so findet man noch mehrere Friedensstörungen und Streitigkeiten, welche aus derselbigen
Ursache herrühren mochten. Das Kloster wurde durch
Klagen der Söhne des Otto Vorals beunruhigt, welche
sich 1321 versöhnten, und versprachen, hinfort keine Klagen
wider daßelbe zu erheben.[3]) So vertrug es sich 1358 mit
Matthias Kling, welcher bezeugt, daß weder er, noch seine

---

[1]) Renners Brem. Chr. I, S. 331; v. Halem I, S. 220. [2]) Renner I, S. 416; varia Oldenb. Tom. 2. [3]) Doc. H. Nro. 210.

Erben das Kloster beschweren sollten.¹) Es wurde 1369 mit Johann und nachher 1377 mit den Gebrüdern von Bardewisch ein Vergleich geschlossen, wodurch ein Streit seine Entledigung bekam, der wahrscheinlich deshalb entstanden war, daß diese Brüder einige väterliche durch Vermächtnisse oder wohlfeilen Kauf vom Kloster erschlichenen Güter wieder zurückforderten; denn sie versprechen, daß „ihre jetzigen und künftigen Erben demselben keinen Schaden, Beschwerden oder Hindernisse zufügen sollten."²) (11) Im Jahre 1380 verglich es sich mit Hanke Pieper, welcher Feindseligkeiten gegen dasselbe ausgeübt hatte.³) 1409 wurde Bürgschaft gestellt, daß Johann von Stade dem Kloster weiter keinen Schaden verursachen solle.⁴) 1432 verglich sich Volquin Boch mit ihm, und ließ die Feindseligkeiten fahren, welche von Heinrich Stühmer herrührten.⁵) 1434 wurde es von der Basler Synode wieder in Besitz eines Zehnten gesetzt, welchen der Bremische Bürger Gröning in Anspruch genommen hatte. Das Kloster hatte schon vorher sich darüber in Osnabrück beschwert, und ein günstiges Urtheil erhalten, weshalb Gröning an den päpstlichen Stuhl appellirte, der ihn aber nach Basel verwies.⁶) Auch wurde in der Mitte des 14ten Jahrhunderts ein Huder Mönch ermordet, weshalb Diederich Stebing, genannt Abelen Sohn, (vielleicht ein Verwandter des Mörders) 1365 aus seinen Gütern zu Huntdorf drei Mark gab.⁷)

Aus dieser Aufzählung erhellet, daß es Schenkungen oder wohlfeile Erwerbungen waren, welche

---

[1]) Doc. H. Nro. 221. [2]) Doc. H. Nro. 233, 247. [3]) Doc. H. Nro. 382. [4]) Doc. H. Nro. 290. [5]) Doc. H. Nro. 329. [6]) Doc. H. Nro. 532. [7]) Doc. H. Conv. A, Nro. 7.

die Stürme im Marienhafen erregten, Güter, die das Kloster so emporhoben, daß es von Schriftstellern, welche diesen Zeiten näher lebten, als wir, das „königliche,[1]) herrliche,[2]) vornehme,"[3]) genannt wird, ein triftiger Beweis seiner ehemaligen Größe und reichen Besitzungen, wenn man nicht ganz die Glaubwürdigkeit solcher Männer in Zweifel ziehen will, die wahrlich den Mönchen nicht hold waren. Noch jetzt würde die Ansicht der vormaligen Klostergrundstücke und viele bedeutende Gerechtsame, wie sie in mündlichen Nachrichten aufbewahrt sind, einen Beweis davon geben, wenn man auch nicht dazu häufige Belege in den aufbewahrten Urkunden hätte.

Das Kloster muß schon in frühern Zeiten seiner zweiten Stiftung wohlhabend gewesen seyn; denn bereits in der Mitte des 13ten Jahrhunderts kaufte es viele Ländereien, Zehnten und Häuser (oder Bauerhöfe), und unter diesen einige bedeutende,[4]) giebt auch Geld auf Unterpfand aus.[5]) Seine mehrsten Erwerbungen durch Schenkung und Kauf fallen in's 13te und 14te Jahrhundert, weil man darüber von jenem in die 90 Documente, von diesem in die 160 übrig hat. Im 15ten Jahrhunderte verminderten sie sich, da sie nur auf etwas über 40 steigen. Im 16ten nehmen sie gar sehr ab; denn die da demselben ausgestellten wenigen Documente bescheinigen fast nur Verkäufe des Klosters; ein Beweis, wie sehr es zuletzt sank.

Daß im Mittelalter Fürsten und Edelleute die Kirchen und Klöster häufig und theils reichlich beschenkten,

---

[1]) Shiph. p. 145. [2]) Hamelm. S. 366. [3]) Winkelm. S. 364.
[4]) Doc. H. Conv. 2, Nro. 23, 30, 59; Nro. 45, 46, 51, 69, 70 u. a. [5]) Doc. H. Conv. 2, Nro. 36.

ist aus der Geschichte hinlänglich bekannt.¹) Daß gleichfalls Grafen von Oldenburg, zumal da sie Stifter und Schirmvögte unsers Klosters waren, regierende und appanagirte, welche selbst die ausländischen Klöster Bersen, Heiligenrode, Wolda, Lilienthal, Vorstel u. a. begabten,²) ihre Milde auch über Hude ausdehnten, wäre schon ohne vorhandene Urkunden glaublich. In diesen aber kommen als Oldenburgische Grafen vor: im 13ten Jahrhunderte Heinrich der Bogener und sein Bruder Ludolf, Otto II., Johann X., Heinrich der Aeltere, Gieselbert (Erzbischof von Bremen), die schon erwähnten Richenza u. s. w., Ludolf (der Beunruhiger des Klosters) und dessen Söhne Hildebold und Bernhard; im 14ten Jahrhunderte Christian IV., Konrad I. und Christian VI.

Die durch Schenkungen, Vermächtnisse und auf andere Weise zusammengebrachten **Besitzungen des Klosters** bestanden aus Acker- und Wieseland, Gehölzen, Häusern und Bauerhöfen, Zehnten, Geldintraden, Hofdienstleistungen, Leibeigenen u. a. Da wurden denn die mehrsten Ländereien, welche bei und um Hude liegen, für sein Eigenthum erklärt, so daß das fruchtbare Huder Feld, viele ergiebige Wiesen gegen das jetzige Maybusch und Neuenkoop (die fette Hude genannt), der Molkenstroth, der Steengroden am Vernedeich, das Reiherholz u. s. w. dazu gehörten. Ein Rockenmoor, welches bei Maybusch, ohngefähr da, wo jetzt die dasigen neuen Anbauer wohnen, lag, und wo man noch queer durch's Moor Spuren eines Weges, wie eine hölzerne Straße, der seine Richtung nach

---

¹) Hamelmann prooemium zur Chr. S. 34, 35. ²) Vogt. mon. ined. I, p. 32, 506; von Halem 1, S. 224, 254.

dem Mönnichhof bei Schönemoor nimmt und auch bei
Neuenlande Ueberbleibsel zeigt, findet, (12) lieferte mit
dem Geestlande überflüssiges Brodkorn. Eine Ziegelei auf
dem noch jetzt davon genannten Ziegelhofe, so wie anscheinend auch noch eine zweite in der v. Witzlebenschen Schaftrift (im sogenannten Taternbusch), wo man Thongruben
und viele Ziegelstücke findet, gaben hinlänglich die der Zeit
trotzenden Steine; und den erforderlichen Lehm holte man
größtentheils aus dem Regt, einem vormaligen Gehölze
bey Lintel, wo man jetzt niedriges Gesträuch (Regt —
Gestrippe), vormaliges Ackerland und viele Gruben, und
von da aus noch Ueberbleibsel eines Weges findet, der sich
nach dem Kloster zieht. Ein Koch= und Kellerhaus, welches noch gegenwärtig mit seinen dicken festen Mauern da
steht, und die jetzige Brauerei ausmacht; eine Wassermühle, nicht an der jetzigen Stelle, sondern in der Gegend, wo das Heuerhaus des Köters Würdemann liegt,
und wo noch Spuren eines Kolkes sichtbar sind, so wie
man noch vor wenigen Jahren Reste der vorigen Mühle
in abgebrochenen Stendern sah; ein Waschhaus, wo jetzt
Maaß wohnt, und wo man im dasigen Garten am Ziegelhofe vor noch nicht langer Zeit Ziegel ausgrub, die in ge-
rader Linie lagen, und eine Renne zum Ableiten des Wasch-
wassers bildeten; eine Schmiede, wo jetzt Harm Sanders
wohnt, und wo man noch Steinkohlen findet; ein Feder-
viehgehege bei Drielings Hause, und welche Gegend noch
gegenwärtig „im Hohn" heißt; eine Wohnung des Kloster-
schreibers, jetzt Thöle, bis hiezu daher noch „Schriefers-
huus" benannt; ein Bienenstand in der Gegend der Pastorei bei Berend Sanders, daher unter dem Namen
„Immkershaus" bekannt; wahrscheinlich auch die Gründe

der Pastorei: diese alle waren Besitzungen der hiesigen Cistercienfermönche. Eine große Meierei bearbeitete den Grund und Boden; bei ihr lag südlich eine Brauerei, wovon noch vor wenigen Jahren Ueberbleibsel standen, die aber allmählig zusammenfielen. Eine Abbtswohnung war vom Kloster abgesondert, das jetzige Wohnhaus des Erbzinsherrn, und verräth noch durch dicke Mauern seine Abkunft aus dem Mittelalter. Dazu rechne man noch; den Mönchhof in Schönemoor, wo auf üppigen Wiesen milchende Kühe des Klosters graseten;[1]) den Mönchhof in Moorriem mit seinen fruchtbaren Ländereien, und andere Besitzungen daselbst; mehreres Eigenthum im Stedingerlande nebst Verpflichtung dasiger Einwohner zu Dienstleistungen und Kornlieferungen; zur Erholung des Abbtes eine Wohnung in Oldenburg und eine andere in Bremen. Auch soll das Kloster Neuenhuntdorf von Hude abhängig gewesen seyn, wenn es nicht zum St. Paulskloster vor Bremen gehörte. Man erzählt dabei, daß die Huder Mönche und andere jährlich auf Liebfrauentag nach der Kapelle oder Klause, welche am Krummendeiche stand, betfahrten gingen, und zugleich ihre Zehnten dort einhoben.[2]) (13)

Wie stark die Communication des Klosters war, beweisen unter andern die sogenannten **alten Klosterwege**. Es ziehen sich nämlich Wagenspuren von Nordenholz auf den dortigen langen Berg nach Nordheide, so wie auch zu Vielstädt beim Tempel nach dem zu Vielstädt gehörigen Felde, dem Hühnewinkel, hinauf, und durch die

---

[1]) Schönemoorer Patrimonialbuch. [2]) Vogt. mon. ined. II, p. 310; varia Oldenb. Tom. 7. Neuenhuntdorf.

Vielstädter Heide. Diese Wege laufen in Menge nahe gegen einander, und sind tief eingefahren, obgleich sie jetzt nicht mehr gebraucht werden. Sie nehmen alle ihre Richtung nach dem Kloster, und dienten zur Verbindung zwischen Dreye und Weihe und dem Kloster, vorzüglich, um die vielen Zehnten auf denselben zu transportiren, wie man ihnen noch auch in der Annen- und Adelheide soll nachspüren können.

Zur Uebersicht gebe ich ein möglichst vollständiges Verzeichniß der Klostergüter, wie sie uns mit wenigen Ausnahmen in den Urkunden aufbewahrt sind.[1]

Altenesch und **Süderbrook** (Oldenesche und Sutherbroke). Hier hatte das Kloster ein Gut, mehrere Ländereien und einen Zehnten. — Der bekannte Graf Heinrich der Bogener schenkte 1243 zwei Stücke Land;[2] desgleichen Ehlert Kortlang[3] 1289 ein Viertel Land (ist wohl der vierte Theil einer Vau oder sonstigen Bauerhofes);[4] und Graf Otto III. ein halbes Viertel.[5] Die geschenkten Ländereien lagen sämmtlich zu Süderbrook.

Ammerstorf (Arnemerethorp), vier Stücke Land. Der Ort lag bei Holle, und wird in Pestzeiten sein Daseyn verloren haben. Von der sich auf gedachtes Grundstück beziehenden Urkunde[6] hat man eine deutsche Uebersetzung, welche hinzufügt: im Dorpe, dat itzt Arnemeredorp genomet wirt Welke stecke thor thit gebruket von

---

[1] Doc. Hud. Conv. 1 u. 2, u. A. bis Ee. [2] Doc. H. Conv. 1, Nro. 7. [3] Ueber mehrere in der Folge genannten Edelleute siehe Hamelmann prooem. zur Chr.; Mushard Denkmal der adl. Gesch. im Herzogth. Bremen und Verden; Vogt. mon. ined.; Meyers Oldenb. u. Delmenh. Merkwürdigkeiten S. 269—434 in den varia Oldenb. T. 5. [4] Doc. H. Nro. 75. [5] Doc. H. Nro. 98. [6] Doc. H. Nro. 62.

Hußmann Dirik Her wolmars Broder Jm karspille thor Holle. Beiläufig ist hier (im 13ten Jahrhunderte) eines Hollers Priesters (Her) Wolmar erwähnt. (14)

Arnsten und **Stelle** im Fürstenthum Verden, einige Güter und zwei Häuser (oder Bauerhöfe) (15) mit Land.

Båke, einige Ländereien. Die v. Schloren, welche zu Altenhuntdorf ihren Sitz hatten, gaben 1301 ein halbes Land;[1]) auch schenkte 1306 der Abbt Konrad seine dortigen Besitzungen;[2]) desgleichen gaben 1309 die Grafen Rudolf und Burchard von Diepholz ihr Recht, welches sie an einem Gute zu Båke hatten.[3])

Barbenfleth (Bardenulete), eine Bau, zwei sonstige Güter, mehrere Ländereien und ein Leibeigner. — Ob hier in allen Fällen das Moorriemer Bardenfleth, oder auch das Stedinger gemeint sei, ist nicht entschieden, wenigstens ist einmal bestimmt das erstere (trans Huntam) genannt.[4]) Der Erzbischof Gieselbert, welcher, so wie er gegen mehrere Klöster freigebig war,[5]) auch Hude nicht vergaß, übergab demselben 1277 alle seine Gerechtsame, die er in einem halben von Erp von Lienen dem Kloster verkauften Gute gehabt hatte.[6]) Ferner schenkte Diederich von Bardenfleth, der zu Bardenfleth im Stedingerlande wohnte, 1350 zwei Güter;[7]) und 1383 vermächte Ahlke Bukede ein Viertel Land.[8])

---

[1]) Doc. H. Nro. 89. [2]) Doc. H. Nro. 101, f. Urk. 6. [3]) Doc. Hud. Nro. 106. [4]) Doc. H. Conv. 2, Nro. 21 b. [5]) Vogt. mon. ned. II, S. 4, 84, 85, 366. [6]) Doc. H. Nro. 42. [7]) Doc. H. Nro. 207. [8]) Doc. H. Nro. 253.

Barghorn (Berchorne), ein Haus, ohne zu bestimmen, ob es in Großenmeer oder Rastädt war. Das Geschenk kam 1292 von Otto III.[1]

Bergedorf (Berichthorpe), ein Gut, ein Hof, eine Bau und vier Häuser. — Otto II. (der Aeltere) gab 1249 den Hof,[2] und Graf Heinrich von Hoya 1251 zwei Häuser.[3]

Bettingbühren, ein Stück Land.

Bomgarden, ein Stück Land. — Die Lage dieses untergegangenen Ortes ist zwischen Warfleth und der Hunte zu suchen.[4]

Bremen, eine Curie (Domherrnhof) nebst der St. Georgenkapelle und allem Zubehör, ein Haus, drei Stücke Land, wovon wenigstens zwei in der Stadt lagen, und welche das Kloster nachher 1518 derselben verkaufte,[5] einige Renten. Die Curie u. s. w. überließ 1328 der Erzbischof Burchard tauschweise dem Kloster.[6] Sie wurde der Huder, früher und auch nachher der Delmenhorstische Hof genannt, und lag bei der zur Zeit der Reformation aufgehobenen Katharinenkirche in der Sögestraße.[7] (16) Das Haus gab 1315 der Bremer Bürger Hilward von Arsten.[8]

Brummelhoop, einige Ländereien. — Diese gab 1396 Ludolfs von Huntdorf Frau Ahlke.[9]

Buttel (Butle, Butlo, auch Bodingbuttel), eine Bau, ein Meierhof, zehn Häuser, mehrere Zehnten, Län-

---

[1] Doc. H. Nro. 83. [2] Doc H. Conv. 1, Nro. 10. [3] Doc. H. Conv. 2, Nro 38. [4] Slevogt Verzeichniß aller Oldenburg. Ortsnamen [5] Doc. H. Conv BBB, Nro. 2, 9. [6] Doc. Hud. Nro. 167 a [7] v Halem II, S. 79 Anmerk. [8] Doc. Hud. Nro. 124. [9] Doc. H. Nro. 271.

derreien und Geldintraben. — Es ist nicht stets bestimmt auszumachen, welches Buttel jedesmal gemeint sei, da gewöhnlich nur der Name allein ohne Zusatz geschrieben wird. Johann v. Eversen, ein Edelmann bei Oldenburg, gab 1277 den Meierhof;[1]) Erzbischof Gieselbert 1288 ein Haus (zu Vernebuttel), welches Joh. v. Eversen zur Lehn hatte;[2]) Otto III. im Jahre 1302 ein halbes Land zu Bobingbuttel;[3]) die Gebrüder von Apen Herbord und Gerd leisteten 1305 Verzicht auf ein Haus in Buttel zu Gunsten des Klosters;[4]) der Abbt Konrad errichtete 1306 zu Buttel (Butlo) eine Brauerei, welches zu Wüstenlander Buttel muß gewesen seyn, weil er derselben „seine Güter, die an einem Wasser, im gemeinen Leben Thorsâke genannt, liegen," überträgt;[5]) Beke Erkes vermachte 1322 ihren Zehnten im Wüstenlander Buttel;[6]) Erzbischof Burchard gab 1328 ein Haus, und bescheinigt in demselben Jahre, daß das Kloster ein Haus an der Berne für 250 Brem. Mk. gekauft habe;[7]) (17) Diederich v. Wersabe überließ ihm 1367 ein Haus zu Vernebuttel.[8])

Dalsper (Dalsepe), Groß- und Kleindalsper, die Meene, der Mönchhof, viele Ländereien, mehrere Zehnten. Johann und Hildebold, Grafen zu Stotel, schenkten dem Kloster gegen eine Recognition von 5 Br. Mk. 1267 ihr dasiges Land;[9]) Erzbischof Hildebold gab 1272 einen Zehnten zu Kleindalsper;[10]) die schon genannten Gräfin Richenza u. s. w. verkauften 1272 ihm für 340 Br. Mk. ein Gut zu Kleindalsper mit Zehnten und allem Pertinenz,

---

[1]) Doc. H. Nro. 55. [2]) Doc. H. Nro. 72. [3]) Doc. H. Nro. 90.
[4]) Doc. Hud. Nro 100 [5]) Doc. H Nro. 101, s. Urkunde 6.
[6]) Doc. H. Nro 148 [7]) Doc. H. Nro. 165, 167. [8]) Doc. H. Nro. 231. [9]) Doc. H. Nro. 41. [10]) Doc H. Nro. 44.

auch) noch einen Zehnten über 15 halbe Länder;¹) Erzbischof Gieselbert 1282 einen Zehnten zu Großdalsper und ein halbes Land daselbst;²) Christian IV. i. J. 1318 ein Meierhof;³) Herbord von Falkenrode verkaufte dem Kloster 1318 die Meene für 14 Br. Mk.,⁴) wovon schon Graf Otto 1303 einige Aecker dem Kloster für 112 Br. Mk. überlassen hatte,⁵) so wie Diederich von Elmendorf 1326 noch einige Güter, welche dazu gehörten, ihm für 74 Br. Mk. verkaufte.⁶) Unter den hiesigen Ländereien, die dem Kloster von mehrern geschenkt oder verkauft waren, befand sich der Mönchhof, ein vormaliges Oratorium der Johanniterritter. Er kam etwa 1380 an das Kloster; und hatten die Oldenburgischen Grafen in demselben die Gerechtsame, daß sie in den ersten Tagen der Fasten zwei Jägerknechte mit Hunden dahin senden konnten, welche man dort bis in die stille Woche beherbergen und beköstigen mußte.⁷)

Delmenhorst, die Wurth, zwei Stück vor dem Wildeshauser Thore, zwei Häuser. — Die Wurth tauschte das Kloster 1378 von Gerbert von Gröpelingen für 8 Br. Mk. ein;⁸) das eine Haus nebst Zubehör gab 1367 Nikolaus Splinter.⁹) Dieses, und auch vielleicht das zweite Haus, waren nachher wahrscheinlich das ehemalige Gasthaus, wohin noch von zwei Brinksitzereien zu Vielstädt eine Abgabe entrichtet wird.

Depenfleth, ein Gut, zwei Landstäte mit Perti-

---

¹) Doc. H. Nro 45, s. Urkunde 5. ²) Doc. H. Nro. 64. ³) Doc. Hud. Nro. 131. ⁴) Doc. H. Nro. 132. ⁵) Doc. H. Nro. 95. ⁶) Doc. H Nro. 161. ⁷) Oldenb. Kalender von 1796 S. 89, 95, 96. ⁸) Doc. H. Nro. 249. ⁹) Doc. H. Nro. 228—230.

nenzien, die letztern schenkte 1324 Martin v. Flecken-
schild.¹)

Dingstädt (Thingestede), ein Haus, Leibeigen mit
Hab und Gut. — Den letztern gab 1373 Christian VI.²)

Dreye, in der Grafschaft Hoya, ein Kamp, zwei
Höfe, eine Wurth, viele Zehnten. — Heinrich von Ho-
denberg, Schutzvogt des Klosters Bücken, schenkte 1276
und 1286 einen Zehnten, ³) so wie Erzbischof Gieselbert
1289 auch desgleichen.⁴)

Eckfleth, einige Ländereien.

Edenbuttel, ein Gut, sonstige Ländereien.

Elmeloh, Zehnten und Blutzehnten. (18)

Gristede (Grütstede), Güter, womit Gertrude,
Aebbtissin zur Quedlinburg, und ihr Bruder Diederich,
Edle von Anvorde, es 1243 beschenkten.⁵)

Gruppenbühren (Gribbenbühren), ein Gut, eine
Wurth.

Habbrügge (Hachbrück), zwei Häuser mit Wiesen
und sonstigen Ländereien, noch fünf Häuser, eine Geld-
intrade, ein Leibeigener. — Hermann Brawe, ein Edelmann, gab 1382 den Leibeigenen.⁶)

Hammelwarden (Kirch-), ein Viertel Zehnten.

Hannöver, einige Ländereien.

Harmhusen, einiges Land. — Robert Duwenwort
verkaufte diese 1321 dem Kloster.⁷) Harmhusen wird
hier zum Kirchspiele Barbewisch gerechnet.

---

¹) Doc. H. Conv. DD, Nro. 4.   ²) Doc. H. Nro. 242.   ³) Doc.
Hud. Nro. 54, 67, 68.   ⁴) Doc. H. Nro. 74.   ⁵) Doc. H.
Conv. 1, Nro. 6.   ⁶) Doc. Hud. Nro. 252.   ⁷) Doc. Hud.
Conv. DD, Nro. 3.

Haßkamp (wahrscheinlich das im Kirchspiele Steinfeld), ein Gut.

Hatten, ein Leibeigener.

Hekeln (Hecheling), ein halbes Gut und sonstige Ländereien. — Berend von Bardenfleth gab 1315 hier einiges Land;[1]) und Ludolfs von Huntdorf Frau Ahlke 1396 ihre dortigen Besitzungen.[2])

Hörspe, Haus und Gut.

Hollerkirche (Hollenderkirk), drei Zehnten, wovon einen Gieselbert 1277 schenkte.[3])

Horne, bei Bremen, ein Zehnten.

Hude (Hutha u. s. w.), Acker- und Wiesenland, Gehölze, eine Meierei, mehrere Häuser, Hofdienstleistungen. Nach der mehrmals erwähnten Urkunde von 1272 gehörte auch das Reiherholz dem Kloster; denn die Gräfin Richenza u. s. w. sagen in derselben: „da aber das Kloster aus Mangel an Gehölze einen Abgang haben würde, und es schon von den Herren von Melme zwei Wahre (19) in ihrem Holze gekauft hat: so haben wir in Betracht eines solchen Abganges die Herren von Melme gebeten, und mit ihrer Bewilligung und unserer Beistimmung das ganze Gehölz, welches in der Länge von der Hahlbäke bis zum Lintloer Holze (dem Schnitthilgeloh), in der Breite aber vom Moore bis zum Oberwege, der nach Lintlo führt, liegt, zum beständigen Besitze verkauft und geschenkt." Hier ist also genau die noch jetzige Lage angegeben. Die Herren von Melme behielten sich aber das Recht der Viehtrift ohne Schweinemastung in dem Holze vor, und bekamen unentgeltlich die vorher erwähnten zwei

---

[1]) Doc. H. Nro. 120. [2]) Doc. H. Nro. 271. [3]) Doc. H. Nro. 59.

Wahre zurück.¹) Diese sind augenscheinlich der Altebeschaten im Reiherholze.

Huntdorf (Hunthorpe), ein Gut, eine Bau, viele sonstige Ländereien, ein Zehnten, ständige Gefälle. — Auch hier ist, wie bei Bardenfleth und Buttel, nicht immner zu bestimmen, ob es Alten= oder Neuenhuntdorf sei, ohne daß zuweilen „trans Huntam" (Altenhuntdorf) zugefügt wird. Heinrich der Bogener und sein Bruder Ludolf (Propst zu Utrecht) schenkten 1248 ein ganzes Land,²) so wie der erstere schon vorher (1246) ein halbes daselbst gegeben hatte.³) Konrad v. Rohde, ein Edelmann in Kehdingen, gab 1274 ein halbes Land;⁴) Otto III. i. J. 1291 ein halbes Land;⁵) Konrad I. i. J. 1340 ein halbes Land „zu Huntdorf bei der Berne" (also Neuenhuntdorf).⁶)

Judenstraße (Jodenstrate), im Kirchspiele Zwischenahn,⁷) ein freies Erbe.

Kampe, ein Zehnten.

Kerewege, ein Zehnten. — Wo dieses lag, ist mir unbekannt; vielleicht mag es nur ein Feld gewesen seyn. Gieselbert schenkte hier 1282 einen Zehnten, welchen Diederich Klenkoe zur Lehn gehabt hatte.⁸)

Kimmen (Kirch=, Nordkimmen), zwei Zehnten.

Kimmen (Stein=), ein Haus, ein Gut. — Gottfried von Bardenfleth schenkte beide 1320.⁹)

Lemwerder, etwas Land.

Lichtenberg (Lechtenberge), einige Ländereien.

---

1) Doc. H. Nro. 45; f. Urk. 5. 2) Doc. H. Conv. I, Nro. 2. 3) Doc. H. Conv. 1, Nro. 8. 4) Doc. H. Nro. 53. 5) Doc. Hud. Nro. 81. 6) Doc. H. Nro. 195. 7) Sievogt w. o. 8) Doc. H. Nro. 64. 9) Doc. H. Nro. 144.

$\mathfrak{L}$ienen, Ländereien. — Diese schenkte 1350 Diederich von Barbenfleth.[1])

$\mathfrak{L}$ienenbrook, die Fischerei, welche 1260 die Grafen von Holstein Johann und Gerhard schenkten.[2]) — Der Ort lag in Moorriem, und hatte eine Kirche, welche aber 1463 verwüstet seyn soll.[3])

$\mathfrak{L}$intel (Lintlo), ein Meierhof, einige Ländereien, ein Haus, Gehölze. — Ob immer unser Lintel, oder auch das in der Grafschaft Hoya gemeint sey, leuchtet nicht hervor. Der Meierhof lag wohl gewiß zu Huder Lintel, da er 1287 von den Grafen Otto III. und Johann geschenkt wurde.[4]) Wahrscheinlich machten diese Grundstücke mit den nachher erwähnten des Johann von Lintel die jetzigen Lintler Bauen, jedoch ohne den Haverkamp, aus. Otto III. gab auch 1292 ein Haus.[5]) Sieben Stücke Land kaufte das Kloster von Johann von Lintel.[6]) Dieser hatte einen Hof daselbst, verkaufte aber wenigstens 1376 alle seine beweglichen und unbeweglichen Güter dem Kloster für 40 Br. Mk., worüber Graf Otto von Hoya eine Urkunde ausstellte.[7]) Daß man hier das Huder Lintel verstehen müsse, beweiset ein Vertrag, der im Jahre 1314 zwischen dem Kloster und einem andern Johann von Lintel (vielleicht dem Großvater des obigen) geschlossen wurde, und worin es heißt: „vier Theile eines Holzes, wovon der Mittelbrook den fünften Theil ausmacht, soll dem Kloster Hude verbleiben."[8]) Dieses Gehölz, welches nach der Urkunde aus Eichen und Büchen bestand, machte die ehe-

---

[1]) Doc. H. Nro. 207, 208. [2]) Doc. H. Conv. 2, Nro. 35.
[3]) v. Halem I. S. 440. [4]) Doc. H. Nro. 391. [5]) Doc. H. Nro. 83. [6]) Doc. Hud. Nro. 37. [7]) Doc. H. Nro. 245.
[8]) Doc. H. Conv. B, Nro. 35; s. hinten Urkunde 7.

malige Holzmark aus, und begriff alles Gebüsch, welches sich nach jetziger Bezeichnung vom Haverkamp in's SW. ohngefähr eine Viertelstunde erstreckte, und wovon man noch, außer beim Haverkamp, unter andern am ersten Lintler Felde einen schmalen Strich als Ueberbleibsel findet. Nachher muß sie dem Domkapitel in Bremen gehört haben, und heißt daher, weil einst Schweden das Erzbisthum in Besitz hatte, Schwedisches Capitelland. Auch wird von den jetzigen Eigenthümern jährlich ein Zehnte in Gelde nach Bremen bezahlt. Der dazu gehörige Middelbrook zieht sich durch den Regt, geht dann auf die Nordseite des zweiten Lintler Feldes und einiger Wiesen bis nach Süden dieses Feldes. Er schloß sich ehemals an den Schnitthilgeloh.[1]) Man findet in ihm niedriges Gesträuch und Baumwurzeln. Hier hatte das Kloster und der Lintler Hof eine gemeinschaftliche Viehtrift, doch mit Ausnahme der Schweinemastung, welche jedem auf seinem Theile verblieb, und wo man die überstreifenden Thiere schütten konnte. Daß die genannten vier Theile den jetzigen Schnitthilgeloh ausmachten, sieht man leicht, und überzeugt sich daher, daß auch dieser ein Eigenthum des Klosters war.

Lüdersmoor, zwölf Stücke Land, zwei Zehnten. — Die Lage der Gegend ist mir unbekannt. Der Erzbischof Gieselbert gab 1282 vier Stücke,[2]) 1289 auch vier Stücke;[3]) Johann v. Eversen 1277 zwei Stücke;[4]) Otto III. i. J. 1291 einen Zehnten[5]) und 1304 zwei Stücke;[6]) Hinrich

---

[1]) Urkunde 7. [2]) Doc. H. Nro. 64. [3]) Doc. H. Nro. 74, 77.
[4]) Doc. Hud. Nro. 55. [5]) Doc. H. Nro. 81. [6]) Doc. H. Nro. 98.

Stebing überließ 1553 dem Kloster einen Zehnten daselbst.[1])

Mansfleth, drei Stücke Land, die Pfennigstücke genannt, welche Friedrich und Albert von Versfleth 1325 und 1328 dem Kloster verkauften.[2]) Dieses Dorf lag da, wo jetzt der Ranzenbuttler Groden Kirchspiels Berne ist, auf der sogenannten Flage, der Ranzenbuttler Helmer gegenüber, bestand aus drei bis vier Meierhöfen, wurde von der Weser 1450 weggerissen, und soll dafür Ranzenbuttel theils erbaut seyn. Das Oberfeld soll den Ranzenbuttlern, das Niederfeld den Mansflethern gehört haben, verlor aber, als es 1588 umgetauscht wurde, diese unterscheidende Benennungen.[3]) Die alte Familie von Mansfleth hatte in diesem Dorfe ihren Sitz.

Moorhausen, ein Leibeigener mit Hab und Gut. Diesen, welcher Reiner genannt wird, verkaufte Elisabeth von Bremen 1373 dem Kloster[4]) für 14 Oldenb. Mark. Die Stäte desselben wird da zu suchen seyn, wo jetzt J. Harm Spinning wohnt, denn dieser zahlt noch gegenwärtig der Huber Kirche eine jährliche Erbheuer. Es ist also wohl gewiß das Huber Moorhausen, nicht das an der hölzernen Straße.

Munderloh, das Gut Wilhowe, ein Haus. — Das Gut verkaufte 1421 Borjes von Porsenberg dem Kloster.[5])

Neuenkoop (Nienkope), eine Bau und sonstige Ländereien, wovon die erste 1256 Otto II. schenkte.[6]) (20)

---

[1]) Doc. H. Nro. 214. [2]) Doc. H. Conv. DD, Nro. 5, und Doc. H. Nro 160. [3]) Vollers Sted Chr. Bl. 13. [4]) Doc. Hud. Nro. 243. [5]) Doc. H. Nro. 512. [6]) Doc. H. Conv. 1, Nro. 20.

Dieses ist Berner Neuenkoop, weil sich hier allein Bauen befinden.

Nordheide (Northeite), die Viehtrift und das Mähen der Heide. — Heinrich der Bogener legte sie 1236 dem Kloster bei, „auch, um die Gränzen zu erweitern."[1]) Aus der Urkunde ergiebt sich, daß die Mönche darum angesucht haben; denn es heißt weiter: „in Hoffnung einer göttlichen Wiedervergeltung und für das Heil der Seelen unsers Vaters Burchard und unsers Oheims Heinrich, Grafen von Oldenburg, welche unter den Fahnen des heiligen Kreutzes von den Stedingern erschlagen sind, haben wir die Bitte der erwähnten Brüder erhört." — Im Jahre 1306 verkauften die Erxen (21) von Ganderkesee (Ganderkeserde) dem Kloster die Gerechtigkeit, auf der Nordheide weiden und Heide mähen zu dürfen, wofür das Kloster der Bauerschaft eine jährliche Zinse gab. Die Gegend muß daher den Grafen von Oldenburg und den genannten Erxen gemeinschaftlich gehört haben, und jetzt dem Kloster allein zugefallen seyn.[2]) Sie hatte damals keine Häuser, und ist in dem weitläufigen Sinne zu nehmen, wo sie sich von der jetzigen Dorfschaft gleiches Namens nach der Huder Pastorei, von da an weiter bis zum Hühnewinkel und Hohelieth in Vielstädt erstreckt, und sich nach Nordenholz hinzieht. Sie besteht in Heide, Flugsand und Fruchtkämpen, welche letztere größtentheils erst in neueren Zeiten cultivirt sind.

Nordenholz (Nordholte), eine Bau. — Otto II. gab 1249 zugleich mit den Hofe zu Bergedorf diese Bau

---

[1]) Doc. Hud. Con. DD, Nro. 1a, s. Urkunde 1. [2]) Doc. H. Nro. 107.

„mit Wiesen, Gehölzen, Feldern, Menschen, bebauten und unbebauten Ländereien und allen übrigen Zubehör." [1]) Diesen Besitz machten augenscheinlich die jetzigen beiden dasigen halben Bauen aus, welche ehemals auch von einem Landmanne unzerstückelt besessen wurde, der sie aber unter seine Zwillingssöhne theilte.

Ochtum (Ochtmund), ein Zehnten.

Ohmstede, ein Haus mit Pertinenz. — Dieses schenkte 1258 Graf Johann X. [2])

Oldenburg (Aldenborch), eine Abbtswohnung, ein Haus auf dem Stau. — Die erstere stand am Markte, wurde in spätern Zeiten wahrscheinlich vom Secretair v. Halem bewohnt, [3]) und ist jetzt abgebrochen.

Oldenbrook, dreizehn Stück Land. — Christian IV. ratificirte 1312 die von seines Vaters Bruder Christian hieselbst überlassenen Güter; [4]) Konrad I. verkaufte 1342 dem Kloster vier Stücke für 240 Br. Mk. [5])

Ollen (Oldenen), ein Haus.

Querenhorst, ein Gut. — Graf Ludolf schenkte 1273 dieses Gut für sich und seine Söhne Hildebold und Bernhard (Kanonicus zu Magdeburg). [6]) Dieser Ludolf ist der ehemalige Beunruhiger des Klosters. Die Gebrüder von Aschwede überließen 1396 die Lehnsgerechtigkeit, welche sie an diesem Hofe hatten. [7])

Ranzenbuttel, 23 Morgen Land. — Ditmar v. Duwerworden und dessen Erben verkauften hier 1469 eilf

---

[1]) Doc. H. Conv. 1, Nro. 10, s. Urkunde 3. [2]) Doc. H. Conv. DD, Nro. 1b. [3]) Oldenb. Nachrichten, Bd I, S. 300; v. Halem II S. 50. [4]) Doc. H. Nro. 111. [5]) Doc. Hud. Nro. 200. [6]) Doc. H. Nro. 48—50. [7]) Doc. H. Nro. 270.

Morgen;¹) und Dierk Reiners 1520 zwölf Morgen für 135 Br. Mk. ²)

Rostrup (Rosthorp), ein Haus.

Sage, ständige Gefälle aus einem Hause.

Sannau (Sandau, Santdowe), ein Gut, ein Haus mit Aeckern und Pertinenz. — Diederich v. Reken trat 1318 Haus und Land daselbst ab.³)

Scheps, ein Leibeigen.

Schlinge, ein Zehnten. — Der Ort lag im Wüstenlande, wie die Urkunde bezeugt.⁴)

Schlüte (Slute), ein Gut mit der Wurth, noch ein Gut, die Logenburg, mehrere andere Ländereien und Einkünfte. Adelheid, Priorin von Malegarden (Mariengarten), einem Benedictiner-Nonnenkloster im Osnabrückischen, übergab 1237 ihren Theil an dasigen Ländereien, welche Gerhard von Donnerschwede (Thonswe) ihrem Kloster und Hude gemeinschaftlich geschenkt hatte, dem letztern zum alleinigen Eigenthum.⁵) Gerbert, Graf zu Stoltenbrook (Stotel), gab 1249 ein halbes Land.⁶) Im Jahre 1504 wurden die hier von Otto III. geschenkten Güter confirmirt.⁷) Die Logenburg verkaufte Arnold von Bardenfleth 1325 dem Kloster für 60 Br. Mk.;⁸) das Kloster Bassum (Barsna) trat 1327 seinen Antheil an derselben ab;⁹) die Gebrüder Matthias und Arnold Prick überließen 1544 ihre Gerechtsame darin für 6 Oldenburger Mark;¹⁰)

---

¹) Doc. Hud. Nro. 375. ²) Doc. Hud. Nro 152. ³) Doc H. Nro. 135, und Conv. DD, Nro. 2. ⁴) Doc H Nro. 103. ⁵) Doc. Hud Conv. 1, Nro. 1, s. Urkunde 2. ⁶) Doc H, Conv. 1, Nro. 9. ⁷) Doc. H Nro 98 ⁸) Doc. H. Nro. 159. ⁹) Doc. H. Nro. 162. ¹⁰) Doc. H, Nro. 203.

und Dieberich Plooß verkaufte 1412 und 1413 die seinigen für 31 Br. M. ¹)

Die Logenburg wurde statt einer andern Burg, die zu Berne stand, errichtet. Es hatte nämlich Graf Moritz, Elimars I. Sohn, in dem jetzigen dasigen Pastoreigarten, wo gegenwärtig der Speicher sich befindet, eine kleine Burg, wovon noch Spuren eines ehemaligen Burggrabens, so wie südlich davon und nahe an demselben in dem hier augenscheinlich erhöheten Theile des Pfarrgartens beim Umgraben Steintrümmer gefunden werden. Der Graf wurde aber c. 1191 oder 1204 von den Stedingern vertrieben, und seine Wohnung, wovon die Berner den Namen Bürger erhielten, wahrscheinlich zerstört. Als die Stedinger-Unruhen gestillet waren, baute Graf Otto II. (der ältere) 1242 eine „neue Burg" (novum castrum) ²) am südlichen Ende des Dorfes Schlüte, ohnfern Berne (juxta Berne), im Westen des Weges, die Logenburg, Lauenburg oder Löuenburg genannt, und überließ sie, als er 1251 nach Delmenhorst zog, seinen Vettern Johann X. und Otto III ³) Der bekannte Lüder Mundel wollte sich ihrer von Huntebrok aus (die Blankenburger Mark, wo er vielleicht zum Brookdeich seinen Sitz hatte ⁴) bemächtigen, wurde aber darüber aus dem Lande gejagt. ⁵) Daß sie einst den bekannten Edelleuten von Barbenfleth und einigen andern gehörte, ist aus dem Vorigen zu ersehen. ⁶) Sie ist jetzt eine Hausmannsstelle, und zeigt noch durch ihre Erhöhung die vorige Bestimmung.

---

¹) Doc. H. Nro. 296 und 297. ² Vogt. mon. ined. I, S. 44.
³) v. Halem I. S. 217. ⁴) Meyer's Oldenb. Delmenhorst. Merkwürdigkeiten in den varia Oldenb. Tom. 5, S. 355.
⁵) Bollers Bl. 125; v. Halem I, S. 258. ⁶) Hamelmann S. 61; Winkelm. S. 564.

Das Dorf Schlüte soll an das Kloster jährlich 75 Malter Hafer, 34 M. Gerste und 7 M. Bohnen entrichtet haben, welches unglaublich scheinen würde, wenn man nicht in der nach 1603 begonnenen Vermessung des Stedingerlandes fände, daß dieses Dorf ganz dem Grafen von Delmenhorst, dem Erzbischofe, dem Propst und dem Domcapitel zu Bremen und einigen Klostern bemeiert war, wie denn allein Graf Anton II. dort zwölf meierpflichtige Bauen hatte, wozu 211 Morgen $1\frac{7}{10}$ Hunt gehörten, und er selbst noch außerdem 53 M. $2\frac{1}{4}$ H. besaß. Zu der ebenfalls ihm bemeierten Logenburg gehörten damals 16 M. $3\frac{1}{4}$ H. In gleichem Verhältnisse zu dem Grafen standen die drei Bauen zu Bernebuttel und die zehn zu Neuenkoop. Wie manches von diesen wird ehemals dem Kloster Hude gehört haben![1]

Schlutter, ein Hof.

Schönemoor (Sconemore), zwölf Morgen Land, viele andere Ländereien, welche zusammen den dortigen Mönchhof werden ausgemacht haben; noch ein Zehnten.

Springstede, ein halber Zehnten. — Dieses ist vielleicht Pfennigstede. Es liegt ein Pfennigsteder Feld zwischen Hokensberg und Wildeshausen.

Sielschott (Zielschott, Zilscot), einige Gelbintraben, welche die Gebrüder Buting 1369 dem Kloster verkauften.[2] — Die Lage ist mir unbekannt.

Stedingerland, drei Morgen Land, $1\frac{1}{4}$ Kortworte. Die letztern gab 1380 Johannn Warendages,[3] die erstern

---

[1] Bollers. Bl. 116—128. [2] Doc. H. Nro. 252. [3] Doc. H. Nro. 250.

1429 Christine v. Reken.¹) In welcher Gegend sie lagen, ist nicht angegeben.

Struntrode (Struncrode), ein Haus. — Im Kirchspiele Dötlingen,²) vielleicht das jetzige Rahde.

Stuhr (Sture), ein Haus.

Vielstädt. Nach einem Vertrage von 1258 und 1259 zwischen Vielstädt, Kirchkimmen (Nordkimmen) und Steinkimmen über ein streitiges Holz und Wiesen,³) muß auch ein Theil des Haßbrooks dem Kloster gehört haben; denn es werden darin Gränzen angegeben, indem es heißt: „überdem haben sie den Klostergrund von dem Orte, welcher Cleyrith (jetzt die Klepriede) genannt wird, bis zum Bache, welcher Holenbeke (die Hohlbäke) heißt, noch besonders gedachtem Convente zum Eigenthume überlassen." (22)

Warfleth und Niederwarfleth, ein Gut nebst Ländereien.

Wechloy (Wechlage), zwei Häuser, welche 1259 Graf Heinrich der ältere dem Kloster übertrug.⁴)

Weihe in der Grafschaft Hoya, acht Zehnten; überhaupt viele Zehnten und Schmalzehnten zu Kirchweihe, Treye und Rumpelsfelde.

Wildeshausen, ein Haus.

Windhusen, drei Höfe, drei Drittel vom Zehnten, zwei Zehnten, ein Haus. — Erzbischof Giselbert schenkte 1289 einen Zehnten;⁵) Albert Stelle verkaufte 1287 ein Dritzel Zehnten und eine Hufe für 30 Br. Mk.⁶) (23)

---

¹) Doc. H. Nro. 514. ²) v. d. Specken Saalbuch. ³) Doc. H. Conv. 2, Nro. 31, 32. ⁴) Doc Hud. Conv. 2, Nro. 34. ⁵) Doc. H. Nro. 74. ⁶) Doc. H. Nro 70.

Hinrich Duckern verkaufte 1289 ein Drittel Zehnten für 50 Br. Mk. ¹) Das Dorf lag zwischen Ganderkesee und Hengsterholz, ist jetzt nicht mehr vorhanden, doch findet man noch gegenwärtig dort unbebautes Land in Aeckern. ²)

Wüsting (Wösting). Nach einer Urkunde von 1456 ³) wurde dieselbe dem Kloster gerichtlich zuerkannt. Es heißt in derselben: „die Wösting hinter dem Wüstenlande zwischen dem Lemmel, und von da an bis an die Tweelbäke." Dieses wird der Theil der Lintler Gemeinheit seyn, welcher noch gegenwärtig der **Klosterteil** heißt. Die Abgabe, welche davon jetzt an Blankenburg entrichtet wird, wird diesem erst nach der Zerstörung des Klosters Hude beigelegt worden seyn, da die Blankenburger Gränze (Schnade) sich nur bis an die Tweelbäke erstreckte. ⁴)

Wüstenland (Wostenlande), einige Ländereien und Zehnten. — v. Röben leistete 1512 Verzicht auf die dasigen Klostergüter. ⁵) Die Lage ist weiter nicht bezeichnet.

In diesem trocknen Inventarium der Klostergüter habe ich bei den Anmerkungen über ihren Ursprung mich fast nur auf die Schenkungen bezogen, um die Wohlthäter der Mönche kennen zu lernen, da die andern Besitzungen beinahe alle erkauft sind. Uebrigens ist der Erwerb jedes Eigenthums genau verbrieft, häufig durch die Confirmation der Schirmvögte bestätigt, daß auch nicht der geringste Zweifel obwalten konnte. — So ließen sich die schlauen Mönche mehrmals von Vater und Söhnen, auch deren

---

1) Doc. H. Nro. 76. 2) Stevogt l. c. 3) Doc. H. Nro 361. 4) v. Halem I. S. 222. 5) Doc. H. Nro. 112.

Ehefrauen zugleich ein Document geben, und von den Wittwen, Söhnen und Enkeln desjenigen, der ihnen ein Gut geschenkt oder weit unter dem Preise verkauft hatte, einen Entsagebrief ausstellen.[1]) So erklärten in der bei Delmenhorst angeführten Urkunde von 1367 vor dem Grafen Christian IV. „Lübbeke Spilleke, Bürger zu Delmenhorst, und dessen Frau, Gesche, daß sie ihre Häuser, Höfe, Pferde, Kühe, und außerdem ihr ganzes bewegliches und unbewegliches Eigenthum, welches sie jetzt haben, oder künftig erwerben möchten, zur Ehre Gottes und der heiligen Jungfrau, wie auch zum Heil ihrer Seelen, dem Kloster übertragen." Und in dem nämlichen Jahre ließen die Mönche vor demselben Grafen sich eine zweite Urkunde ausstellen, worin die genannten Wohlthäter bescheinigten, daß sie obige Güter, „mit gnädiger Bewilligung des Klosters und nur bittweise besäßen." (24) — Beispiele eines wohlfeilen Kaufes sind bei Dalsper, Lintel und Schlüte angeführt.

Bei diesen vielen Grundstücken hatte das Kloster auch noch manche Vorrechte, die aus der Einrichtung desselben sich ergaben. Der Papst Alexander IV. ertheilte ihm in einer Bulle von 1256, welche in einem Transsumt von 1328 enthalten ist,[2]) folgende Privilegien.

Er nahm es unter besondern Schutz des heiligen Petrus.

Er bestätigte den Besitz aller Güter, welche es durch Freigebigkeit der Fürsten erhalten hatte und künftig erhalten würde, sammt allem Pertinenz derselben, als: Wie-

---

[1]) Beispiele finden sich in den Doc. Hud. Conv. 1, Nro. 20, A. Nro. 3, auch Nro. 45, 78, 79, 128, 140, 200, 218, 229, 230 u. a.
[2]) Doc. H. Nro. 164, Urkunde 4.

sen, Ländereien, Nutznießung, Weiden im Holz und im Freien, Gewässer, Mühlen, und mehrere Freiheiten.

Von diesen und den unangebauten Ländereien durfte keiner den Zehnten fordern.

Dem Kloster war verstattet, Geistliche und Laien, welche der Welt entsagt hatten, in sich aufzunehmen, und sie ohne allen Widerspruch zu behalten.

Kein Mönch durfte nach abgelegtem Gelübbe ohne des Abbtes Bewilligung das Kloster verlassen.

Es durften keine Güter ohne Einwilligung des ganzen Capitels, oder doch des größten Theils desselben, veräussert werden. Das Gegentheil wurde für ungültig erklärt.

Es hatte kein Mönch oder Laienbruder Befugniß, ohne Erlaubniß des Abbtes oder des größten Theils des Capitels, sich für jemanden zu verbürgen, oder ihm Geld zu leihen, insofern dieses eine bestimmte Summe überstieg. Das Kloster brauchte dafür nicht Rede zu stehen, es sei denn, daß es zum Nutzen desselben gereichte.

Das Zeugniß der Klosterbrüder hatte, selbst in ihren eigenen Angelegenheiten, es mochten Civil- oder Chriminalsachen seyn, Gültigkeit.

Kein Bischof, oder sonst jemand, durfte die Mönche, so wenig für ihre eigene Person, als in Hinsicht ihrer Besitzungen, vor ein weltliches Gericht verabladen lassen, oder sie demselben unterwerfen. Der Diöcesanbischof durfte sich überhaupt nicht in die Angelegenheit des Abbtes mischen. Vertrat er aber die Stelle des letztern, und verweigerte er diese oder jene amtlichen Verrichtungen: so stand es dem Kloster frei, sich an einen andern Bischof zu wenden.

Für die Einweihung der Altäre und der Kapellen, für das heilige Oel und ein sonstiges kirchliches Sacrament durfte kein Geld gefordert werden. Weigerte sich aber der Bischof dieser Verrichtungen, so konnte das Kloster einen andern nach Gutbefinden darum ansprechen. Bei einer Vacanz des Bischöflichen Stuhles zu Bremen wandte man sich an die benachbarten Bischöfe.

Wenn ein Bischof oder sonstiger Kirchenvorsteher über das Kloster und dessen Bewohner, so wie über die Wohlthäter desselben, deßhalb den Bann oder das Interdict aussprachen, weil diese ihm Liebesdienste geleistet hatten: so waren die Bannstrahlen ohne alle Wirkung.

Bei einem allgemeinen Interdict konnte demohngeachtet mit dem Excommunicirten priesterliche Handlungen vorgenommen werden.

Innerhalb des Bezirkes der Klostergebäude durfte kein Mord geschehen, kein Blut vergossen, keiner leicht arretirt oder sonstige Gewaltthätigkeit verübt werden.

Wer aber das Kloster freventlich beunruhigte, seine Besitzungen an sich riß, das Geraubte behielt oder schmälerte, und sonst auf irgend eine Weise den Frieden desselben störte, verfiel in den Bann.

Man sieht aus diesen Begünstigungen, wie leicht es dem Kloster wurde, Güter zu erwerben und zu behaupten — wie sehr es einzeln Conventualen erschwert war, etwas zum Nachtheil desselben zu unternehmen — wie geringe die Geldausgaben desselben waren — wie wenig Einfluß selbst der Erzbischof von Bremen bei diesem eximirten Kloster hatte, und es daher der Gerechtigkeit Trotz bieten konnte — und wie es Verbrechern zum Asyl gereichte. —

Da innerhalb seiner geheiligten Ringmauern keine Gewaltthätigkeiten verübt werden durften: so findet man 1388 ein Beispiel, daß Arnold Reine wegen eines Mordbrandes sich den Bann zuzog.[1])

Daß bei solchen bedeutenden Privilegien, so ansehnlichen Gütern, einer so geräumigen Kirche mit ihren vielen Kapellen, das **Kloster selbst ein weitläufiges, wohl theils prachtvolles Gebäude** wird gewesen seyn, läßt sich kaum bezweifeln, so wie die Behauptung nicht minder begründet ist, daß mehrere Nebengebäude in seiner Nähe dazu gehörten. Die Größe gleichzeitiger ansehnlicher Klöster, als St. Paul vor Bremen, Haffefeld im Mecklenburgischen u. a. (25), ältere Schriftsteller, die Gegend, wo es muß gestanden haben, eine sich stets gleich bleibende Sage nebst einer verlornen Abbildung desselben, erlauben uns nicht eine Gegenbehauptung.

Zuvörderst ist es nicht ausgemacht, kann aus keiner Urkunde, keinem gleichzeitigen Schriftsteller bewiesen werden, daß nur zwölf Mönche[2]) Bewohner desselben waren; vielmehr geben die auf den Urkunden gezeichneten Cellennummern ihre Anzahl höher an; (26) und die Bevölkerung anderer Klöster, auch in Nachbarsländern, (27) wird das sonst Unglaubliche wenigstens als Möglichkeit darstellen. Wenn Hamelmann schreibt:[3]) es wären fast in die 300 Cellen in demselben gewesen; und wenn Neuwald in seinem Lobgedichte vor des erstern Chronik dieses so wiederholt, als habe es 300 Zöglinge gefaßt: (28) so scheint dieses doch nicht ganz ungegründet zu seyn, wenn man in die

---

1) Doc. H. Nro. 257.   2) v. Halem I. S. 281.   3) Chr. S. 25.

älteren Zeiten zurückgeht, wo die Geistlichkeit, und unter ihnen vorzüglich die Mönche, allein im Besitze gelehrter Kenntnisse waren, und wo in eigenen dazu eingerichteten Klöstern (monasteria studiorum) (29) Unterricht in den Wissenschaften ertheilt wurde. Sollte nun im vollen Sinne des Wortes Hude ein solches Kloster nicht gewesen seyn, weil man sonst wohl Nachrichten darüber finden würde: so möchte doch der Fall anzunehmen seyn, daß manche junge Leute zum Unterrichte (alumni) hier hergesandt wurden, da besonders die Benedictinermönche, und unter ihnen ihre Absplisse, die Cistercienser, sich der Gelehrsamkeit widmeten. Auch wird gewiß eine zahlreiche Dienerschaft das Kloster erfüllet haben, so daß viele Zimmer erforderlich waren. Doch ist es ja nicht nöthig, sich an die genannte runde Zahl des Neuwaldt zu binden, da auch Hamelmann sie nur ohngefähr angibt, sondern daraus zu entnehmen, daß viele Wohnungen im Kloster und dessen Nebengebäuden waren. Dieses wird auf keinen Fall unglaublich scheinen, zumal da die Cellen nur klein waren.

Das Weitläufige des Klosters leuchtet ferner daraus hervor, daß man in der ganzen Gegend des Kirchdorfes, hinter dem Hause des Erbzinsgutes, auf dem Kirchhofe, vor und hinter der Meierei, im Kirchhofsgarten u. s. eine Menge Steintrümmer findet. Dahin müssen sich theils das eigentliche Kloster, theils seine Nebengebäuden erstreckt haben; und kann man dem wahrheitsliebenden Winkelmann nicht widersprechen, zu dessen Zeit eine größere Menge Ruinen und in größerer Vollständigkeit noch standen, so daß er als Augenzeuge schreiben konnte: „die annoch= stehende alte Gemäuer an Kirch und Thurn, von schönen Quatersteinen, wie auch die viele Cellen, geben an Tag, was es vor ein ansehnliches kostbares Gebäu müsse gewesen seyn."[1])

Meiner Ansicht nach muß dieses kostbare Gebäude sich vom Osten seiner Kirche in den jetzigen Garten des Erbzinsgutes gezogen haben; denn man fand vor noch nicht langen Jahren dort eine mit den Ruinen der Kirche parallel laufende Grundmauer von ansehnlicher Länge. Wenn man nun von dem östlichen Ende der Ruinen bis an die unten zu erwähnenden Fischteiche im Garten mißt: so kommt eine Länge von 200 Fuß heraus. Da im Westen der Kirche andere Gebäude standen, die Fischteiche von der ehemaligen Klostergraft herrühren, und sich die gedachte Grundmauer nach denselben erstreckte: so würde sich hieraus ergeben, daß das Kloster östlich von der Kirche stand, und, wenn man sowohl gegen Westen (von den Ruinen an), als gegen Osten (bis an die Fischteiche), einen Zwischenraum von 10 Fuß abzieht, daß es die Länge seiner Kirche, nämlich 180 Fuß, gehabt habe; doch muß es, wenn man der Sage trauen darf, und nicht ganz die Nachricht wegen der 300 Cellen verwirft, breiter als die Kirche gewesen seyn, und anscheinend ein gleichseitiges Quadrat gebildet haben. Man sagt, daß bei Zerstörung ein großer Thurm des Klosters nach dem östlichen Ende des Baumhofes gefallen sey, welches von der angenommenen Mitte des Gebäudes bis dahin eine Strecke von c. 700 Fuß ausmacht. Wenn dieses zwar nur so zu verstehen ist, daß er im Umschwunge einige Massen dahin warf: so muß er doch in dieser Gegend gestanden haben, und sehr hoch gewesen seyn. Der Sage nach diente er

---

[1] Chr. S. 364; Rot. p. 502.

auch zu einem Feuersignale, welches den auf der See Schiffenden bestimmt gewesen sey. Dieses ist jedoch nicht glaublich, indessen wahrscheinlicher, daß er denjenigen, welche die Lintow (30) befuhren, zufällig leuchtete; und daß er eigentlich und vorzüglich in den fehdereichen Zeiten zur Herbeirufung schneller Hülfe sich eignete, und mit andern Signalen correspondirte, wie man denn auch ohngefähr eine halbe Stunde davon zu Vielstädt einen Platz findet, der Höbelucht heißt.

Wie aber das ganze Gebäude beschaffen war, darüber bleibt man wohl stets in Ungewißheit, wenn nicht etwa ein Inventarium, das sich wahrscheinlich im Vaticanischen Archive zu Rom finden wird, an's Licht kommen mag. Daß es wenigstens theils aus Quadersteinen aufgeführt war und einen Thurm hatte, lehrt uns der Augenzeuge Winkelmann in der oben angeführten Stelle; daß es mit mehrern Thürmen versehen war, zeigte eine alte Abbildung; daß es eine Ringmauer hatte, in welcher alle zu ihm gehörigen Gebäude eingeschlossen waren, und in deren Mitte die gottesdienstlichen sollen gestanden haben, spricht die Sage; daß es einen weiten umfließenden Graben (Graft) hatte, bezeugt ein Ueberbleibsel davon, in dessen Bette westlich von den Ruinen jetzt der Bach nach Norden läuft, aber nicht einmal die Hälfte desselben ausfüllt. Der Richtung dieser Gruft kann man weiter nachspüren, indem sich nördlich von der Meierei im Baumhofe eine nach Osten und ferner nach Süden gekehrte und durch den Weg gehende Vertiefung findet, die im Osten des v. Witzlebenschen Gartens nahe am Baumhofe sich an drei durch einen schmalen Damm getrennte Fischteiche anschließt, welche letztere sich von Norden nach Süden ziehen. Alsdann lassen sich die

Spuren einer weitern westlichen Richtung in einem andern entferntern nahe am jetzigen Mühlenteiche im Garten liegenden Fischteiche auffinden.

Die angeführte Abbildung des Klosters war in einem Fenster des Beichtstuhls der jetzigen Kirche im ersten und vierten Fache sehr vortrefflich eingebrannt;[1]) ist aber leider bei einer Reparation vor wenigen Jahren verloren gegangen. Hiesige aufmerksame Einwohner erzählen davon: man habe auf derselben mehrere Thürme sehen können, einige von ihnen wären hoch und dick gewesen, andere dünner und von einem gedrechselten Ansehen. Eine Copie dieser Abbildung, welche ich in Händen habe, und die 1786 ein Liebhaber der Antiquitäten, Hinrich Vollers zu Schlüte, aufnahm, zeigt fünf Thürme, drei gleich hohe und zwei kleine, jedoch ist aus Versehen hier der mittelste hohe Thurm nicht höher, als die andern gestellt, da er doch, wie man weiß und aus dem vorher Gesagten sich ergiebt, über die andern weit hervorragte. Der unwiderbringliche Verlust des Originals preßt einem Alterthumsforscher Unwillen aus; denn auch dieses mußte noch in neueren Zeiten schwinden, um den Ruin desto vollständiger zu machen. — Nach der Aussage des jüngern Pastors Strackerjan soll das Klostergebäude wie das zu Fropsen (vielleicht Frekenhorst im Münsterschen an der Ems) beschaffen gewesen seyn,[2]) worüber ich keine Auskunft geben kann.

Daß das Inwendige des Gebäudes manche Kostbarkeiten befaßt habe, läßt sich leicht vermuthen. Was in

---

[1]) Inventarium der Kirche S. 17.   [2]) varia Oldenb. Tom. 7. Hude.

der Kirche von dergleichen war, sieht man aus der kurzen Aufzählung von dem, was aus derselben bei der Zerstörung weggeschleppt wurde. Dem Zeitgeiste gemäß fanden sich hier viele Reliquien, unter andern von den eilftausend Jungfrauen, so daß man man dem Erzbischofe Boldewin auf sein besonderes Ansuchen zwei Köpfe und zwei Beine jener Heiligen an seinen Kapellan Otto Crote verabfolgen lassen konnte. Nicht weniger erfreuten sich die Mönche einiger Gebeine (tibiae) von den zehntausend Soldaten.¹)

Unter den zum Kloster gehörigen Gebäuden, Meierei, Küche und Kellerhaus u. s. w. befand sich die Abbtswohnung in dem jetzigen v. Witzlebenschen Hause. Sie hatte oben einen Saal, der über das ganze Haus ging, und den Mönchen bei vorkommenden Gelegenheiten zum Versammlungsorte diente. Im Westen der Kirche stand der Sage nach ein besonderes Gebäude, wo Pilgrime, Andächtige, Kranke und sonst Nothleidende, wie in einem Hospitale, oder aus Bruderliebe gestifteten Gasthause, bewirthet und gepfleget wurden.²)

Denn daß in den Zeiten, wo man häufig der Welt entsagte, um sich in einem gottgeweihten Kloster zu verbergen, und wo selbst die Großen nicht selten das Mönchsgewand anzogen, (31) unser Marienhafen oft besucht wurde, und er manchmal zu einem fortdauernden Aufenthalte auch angesehener Personen diente, läßt sich leicht muthmaßen, und ergiebt sich ebenfalls aus hin und wieder zerstreuten Nachrichten. So flüchtete der oben (S. 50) erwähnte Graf Moritz c. 1191 oder 1204 nach Hude, wo

---

¹) Meib. script. rer. Germ. II, p. 77, und I, p. 352; v. Halem I, S. 221. ²) Varia Oldenb. Tom. 7, Hude.

er nebst seiner Gemahlin Salome den Rest seines Lebens zubrachte. So verweilten hieselbst c. 1200 Moritz I., Christians des Kreutzfahrers Bruder, und c. 1300 die Grafen Johann XI. und Christian IV.[1]) So kehrte Johann oder Jonas Fursat, ein Däne, welcher von 1307 an Erzbischof von Bremen war, bei seiner Reise dahin nebst Gefolge in hiesiges Kloster ein, und blieb so lange, bis die Prälaten, Dienstmänner, Bürgermeister und mehrere Bürger von Bremen ihn mit einem feierlichen Gepränge in sein Erzbisthum einführten.[2]) Als Zufluchtsort benutzte es 1357 einer aus der mächtigen Familie Wilde oder Höne zu Bremen, der, weil seine Parthei in einer entstandenen Unruhe unterlag, nach Hude kam, und hier ein Mönch wurde.[3])

Wegen der Schutzgerechtigkeit und der Heiligkeit eines so geweiheten Ortes fanden mehrere Oldenburgische Grafen auch hier im Tode ihre Ruhestäte.[4]) Diese **beigesetzten Gräflichen Personen** sind, so weit sie mir bekannt geworden, folgende: im 12ten Jahrhunderte der oben (S. 18) genannte Otto, welcher c. 1130 starb, und dessen Gemahlin, ferner Otto II. (der ältere); 1278 Johann's X. Sohn Christian, Domscholaster oder Lehrer an der Domschule zu Bremen (welchen Wolters[5]) einen Grafen bei St. Stephanskirche nennt), der bei den Bürgern sehr beliebt war, und viel auf die Geistlichkeit hielt;[6]) 142.. Otto V., Graf von Delmenhorst, und 1430 seine Gemahlin Rixa; 14.... des Grafen Diederichs des Glückseligen

---

[1]) Hamelm. S. 61, 120, 127; Vollers Bl. 29. [2]) Alb. Kranzii metropolis L. VII. u. VIII.; Wolteri apud Meib. ll. p. 63.
[3]) Bremer Bürgerfreund 1817, Nro. 98; Koller ll. S. 288.
[4]) Chr. Rast. p. 100; Shirb. p. 145. [5]) Meib. ll. p. 61.
[6]) Ship. p. 152.

erste Gemahlin Adelheid, eine Tochter des eben genannten
Otto V.; 1447 deren Bruder Nikolaus, Erzbischof von
Bremen; 1464 Moritz IV. von Delmenhorst, und dessen
Gemahlin Katharina.¹) Die Sage schmückt sie über=
trieben mit silbernen Särgen. (32)

Mangel an Nachrichten läßt uns die Zahl der Aebbte
des Klosters, so wie die Merkwürdigkeiten ihres Le=
bens, nicht genau angeben. Ihrer Wichtigkeit wegen wur=
den sie, als Prälaten, gleich denen zu Rastädt, bei Be=
rathschlagungen in Landesangelegenheiten mit zugezogen.²)
Sie nannten sich, wenigstens der letzte, wie die zu Ra=
städt, von Gottes Gnaden.³) Folgende sind mir bekannt:

Arnold c. 1289⁴) (s. S. 30).

Konrad c. 1306⁵) (s. S. 39).

Lüder c. 1318.⁶)

Otto c. 1354.⁷)

Robert c. 1380 bis wenigstens 1401.⁸)

Albert Wahlen vor 1463.⁹) Dieser scheint sei=
nen Abschied genommen zu haben, da er in den beiden an=
geführten Urkunden ein vormaliger Abbt zu Hude genannt
wird.

Friedrich Schole c. 1471¹⁰) (s. S. 67).

Liborius Lipken 1527.¹¹) Dieser wird der letzte

---

¹) Wolteri apud Meib. II. p. 61, 73, 74, 77; Chr. Rast. p. 102,
105; Styph. p. 148, 152, 181; Hamelm. S. 59, 63, 184,
185, 249. ²) v. Halem II. S. 132. ³) Doc. H. Nro 461;
varia Oldenb. VI. alte Briefe. ⁴) Renner's Brem. Cyr.
I. S. 416. ⁵) Doc. H. Nro. 101. ⁶) Doc. H. v. J. 1318.
⁷) Doc. H Nro. 217. ⁸) Doc. H. Nro. 264, 274, 277.
⁹) Doc. H. Nro. 374, 375. ¹⁰) Styph. p. 183; Hamelm.
S. 43, 268. ¹¹) Doc. H. Nro. 157, 461, und Conv. E e,
Nro. 22; Hamelm. S. 364.

Abbt gewesen seyn, und nach der Zerstörung des Klosters in Olbenburg gewohnt haben.¹)

Beim Jahre 1367 kommt auch ein Prior Gottschalk vor;²) so wie uns vom Jahre 1328 die Namen einiger Mönche aufbewahrt sind, nämlich: Gerhard Eyselen, Bernhard Ehos, Hinrich Sturden,³) wovon des letztern auch noch 1354 als eines Camerarius erwähnt wird,⁴) wenn es derselbige ist.

Wie alle Herrlichkeit dieser Welt vergehe, ein wüstes gottvergessenes Leben den Umsturz der Glücksgüter herbeiführe, und Macht in der Hand eines Habsüchtigen denselben beschleunige, lehrt uns die endliche **Zerstörung des Klosters**.

Es herrschten unter den Geistlichen, besonders in den Klöstern, im 14ten, 15ten und Anfange des 16ten Jahrhundertes solche schreckliche Laster, daß ihr Ansehen durchaus sinken, und ihre Herrschaft in sich selbst zerfallen mußte. Wenn die Bischöfe, welche seit Kaiser Otto I. immer mehr an weltlicher Macht zunahmen,⁵) ihre ursprüngliche Bestimmung vergaßen, wenn selbst Aebbte sich häufig in den Städten aufhielten, und ihr Amt durch Vicarien verwalten ließen: so wichen die Mönche unterdessen immer mehr und mehr von den einfachen Sitten ihrer Vorweser ab, führten ein ausschweifendes Leben, gingen auf die Jagd, mischten sich in weltliche Händel, und führten wohl sogar blutige Fehden gegen einander.⁶) (33) Da mußte alles in Unordnung gerathen, auch der äußere Zustand der

---

¹) Olbenb. Nachrichten B. l. S. 500. ²) Doc. Hud. Nro. 230.
³) Doc. H. Nro. 164. ⁴) Doc. H. Nro. 217. ⁵) Winkelm.
Not. p. 487. ⁶) Henke's Geschichte der christl. Kirche Th. 2,
S. 324.

Klöster, Kirche, Wohnung, Geräthe, Gärten, Felder und Mühlen verfallen,[1]) und eine Verachtung des Mönchswesens entstehen.

Das Bild, welches ein vaterländischer Schriftsteller,[2]) der selbst ein Mönch war, von diesem Unwesen entwirft, giebt uns folgende Ansicht: „Sie (die Mönche) konnten kaum ohne Verwirrung das Requiem (34) singen, lehnten sich aber dennoch gleich dem gehörnten Vieh gegen jeden gelehrten Mann auf, und dünkten sich, in ihrer Eselheit beharrend, etwas rechtes. Das Studieren vernachläßigten sie gänzlich, verstanden besser, aus Humpen denn aus Büchern zu schöpfen, saßen mit Zechbrüdern in den Schlupfwinkeln der Wirthshäuser, spielten, und betranken sich täglich. Statt sich mit Büchern zu beschäftigen, ergaben sie sich der Wollust, statt der Studien liebten sie unzüchtige Weibsbilder. Nur die Erfahrung konnte das sonst Unglaubliche lehren, mit welchen Irrthümern und Fabeln sie das Volk in ihren Predigten unterhielten. Dem Namen nach hießen sie Priester, waren aber in der That Esel, verstanden nicht die Schrift, verschmäheten auch, dieselbe verstehen zu lernen, konnten Latein weder sprechen noch schreiben; die Furcht Gottes war weit von ihnen. Vieles hatten daher die Bischöfe zu verantworten, daß sie solche unwissende Leute zur Priesterwürde beriefen, und ihnen die Heerde Christi zu weiden anvertrauten." (35)

Zwar suchten mehrere Männer die Zucht wieder herzustellen. So der schon genannte Heidenreich.[3]) Ebenfalls kam 1451 der päpstliche Legat Nikolaus von Cusa

---

[1]) Chr. Riddagh. apud Meib. III p. 581. [2]) Shipb. p. 171, cap. 15; von Hatem I. S. 447. [3]) s. hinten Anmerk. 2.

nach Sachsen, untersuchte das Leben und die Sitten der Geistlichen, und ermahnte dieselben fleißig zur Besserung.¹) Dem hochherzigen Grafen Gerhard von Oldenburg entging nicht die lose Aufführung der Mönche; er suchte daher, sie zu verbessern. Er war 1465 in Rastädt, von dessen Aebten manche unsittliche Dinge erzählt werden,²) um zu reformiren; richtete aber nichts aus. Er kam 1468 zum zweitenmal, aber wieder vergebens. Als er 1471 zum drittenmal dort eintraf, begleiteten ihn die mit ihm übereinstimmenden Aebbte v. St. Paul und Friedrich Schole von Hude. Er stellte im Einverständnisse mit diesen vorzüglich die Grundsätze auf: die Mönche müßten kein Eigenthum besitzen, sondern es in die Hände des Abbtes resigniren, auch keine Schenken besuchen, unter einander friedlich leben und sich brüderlich lieben, welches von ihnen bisher nur gar zu sehr aus den Augen gesetzt war. Aber mit Betrübniß lieset man, daß er eigentlich nichts bewirkte, oder doch die Reformation keinen Bestand hatte.³) — Was von Rastädt gilt, wird auch Hude treffen, von dessen Mönchen ein gleichzeitiger Schriftsteller sagt: „sie führten ein wüstes Leben mit losen Weibspersonen, und thaten, was sie wollten."⁴)

Daß der Wohlstand des Klosters Hude, wie der zu Rastädt, in den letzten Zeiten durch große Fahrlässigkeit sich sehr verminderte, davon sind uns Beispiele aufbewahrt. Geldmangel und die bange Ahnung, daß die Auflösung des Klosters herannahe, werden manche Veräußerungen im 16ten Jahrhunderte veranlaßt haben. Im Jahre

---

¹) Meib. script. rer. Germ. III. p. 576. ²) Chr. Rast. p. 112, 113; Shiph. p. 169. ³) Shiph. p. 181—183; von Halem I. S. 390. ⁴) Renner S. 210; v. Halem II. S. 56.

1527 verkaufte es zwei Stücke Land zu Hekeln ¹) und das
Haus auf dem Stau zu Oldenburg; ²) desgleichen an den
Domherrn zu Bremen, Diederich Freese, die bedeutenden
Zehnten und Schmalzehnten zu Kirchweihe und Dreye für
1000 Rh. Goldgulden, ³) welche es eigentlich pfandnutz-
nießlich versetzte, und die, obgleich Anton I. sie wieder ein-
lösete, dennoch Oldenburg nicht verblieben sind. ⁴) 1550
erließ es eine Gerechtigkeit, die es an vier Morgen Land
hatte; ⁵) 1532 verkaufte es eine erbliche Stelle in Delmenhorst; ⁶) auch überließ es 1533 die Abbtswohnung zu
Bremen mittelst einer Hauptverschreibung von 1328 den
Grafen Johann XV., Georg, Christoph und Anton I.; ⁷)
153.. übergab es den gedachten Grafen den Mönchhof zu
Moorriem; ⁸) und 1535 trat es zwei Stücke Land vor
dem Wildeshauser Thore zu Delmenhorst ab, wofür es
20 Rh. Goldgulden erhielt; ⁹) so wie es in demselben Jahre
noch einen andern Besitz für 50 Rhl. Goldgulden à 44 gr.
an einen dasigen Bürger Malner verkaufte. ¹⁰) Selbst
nach Aufhebung des Klosters versetzten die Mönche eine
ihnen zu Schlüte gebliebene Bau (s. unten S. 71). —
Daß die hiesige Wassermühle sehr baufällig war, zeigt ein
aufbewahrtes Document.

Es war aber nicht einem Grafen von Oldenburg be-
schieden, die durch die große Kirchenreformation herbeige-
führte Secularisation der Klöster auch auf hiesiges aus-
zudehnen, geräuschlos seine Güter einzuziehen, und die

---

¹) Doc. Hud. Nro. 457. ²) Doc. Hud. Nro. 457. ³) Doc. H.
Conv. Ee, Nro. 22. ⁴) Kohli's Handbuch, Th. 1, S. 280.
⁵) Doc. Hud. Nro. 461. ⁶) Doc. H. Nro. 461. ⁷) Doc. H.
Conv. BBB, Nro. 15; Hamelm. S. 564. ⁸) Oldenburg.
Kalender von 1796, S. 95. ⁹) Doc. H. Nro. 474. ¹⁰) Doc.
Hud. Nro. 474 a.

Prachtgebäude zu erhalten. Die Grafschaft Delmenhorst war seit 1483 in Bremischen und Münsterschen gemeinschaftlichen Händen, und fiel 1497 völlig allein Münster zu.[1]) Den dortigen Bischöflichen Stuhl, so wie den von Osnabrück und Minden, bekleidete von 1532 bis 1553 Franz, ein geborner Graf von Waldeck, der „bei Antritte seiner Regierung zu Minden sich als ein frommes Lamm gegen alle betrug, nachher aber in seinem Ungestüm den dortigen Bürgern viel Drangsal anthat."[2]) (36) Der Reformation geneigt, ein Feind aller Mönche, suchte er diese in ihren Schlupfwinkeln auf, und verfolgte sie, wo er konnte. Noch mehr aufgebracht durch einen Schwarm Wiedertäufer, welche in sein Münster einbrachen, es zum Sitze ihres tausendjährigen Reiches machen wollten, in ihrem fanatischen Wahnsinn es verödeten, die Kirchen verwüsteten, und nur erst nach einer Belagerung von sechzehn Monaten bezwungen werden konnten,[3]) sah er auch nach dem reichen Kloster Hude, um sich von daher einigen Schadenersatz zu holen, und seinen Mönchshaß zu kühlen.

Nur einer Gelegenheit bedurfte es zur Erreichung seiner Absicht, und diese konnte sich, wenn er sie auch nicht von der Sittenlosigkeit der Mönche hätte hernehmen wollen, sehr leicht finden. Einer erhaltenen Sage nach besaßen die Huder Mönche ein oder zwei kleine so künstlich abgerichtete Pferde, daß sie ohne Führer nach verschiedenen Oertern laufen und zurückkehren konnten, und die vorzüglich dazu gebraucht wurden, dem Abbte, wenn er in der

---

[1]) von Halem l. S. 378 folg. [2]) Chr. Mindense apud Meib. l. p. 374. [3]) Kerssenbroik's Geschichte der Wiedertäufer in Münster.

Stadt wohnte, dieses und jenes zu überbringen. Der Bischof fand Vergnügen an diesen Thieren, und bat die Besitzer, sie ihm abzutreten. Als diese sich aber dessen weigerten, verlangte er es strenge. Jedoch die Forderung fruchtete nicht, und die von Franz deshalb abgesandten Gewaltsboten wurden von den Mönchen entweder, wie es heißt, durch köstliche Bewirthung aufgehalten, oder in's Verliß geworfen, wohl gar getödtet. Dieser Vorfall war dem Bischofe erwünscht, und hinlänglich, seinen Trosten von Delmenhorst Wilke Stebing (37) 1536 nach Hude zu senden, um die Uebelthäter für ihren Ungehorsam und für ihren Frevel zu züchtigen. Er kam mit Heeresmacht, nahm das Kloster ein und zerstörte es theils, verjagte die mehrsten Mönche, welche ihre vorläufige Zuflucht in die damalige Waldgegend des Nordenholzer Moores sollen genommen haben. Der Sage nach fand man bei der Eroberung des Klosters keinen Mönch mehr: denn sie waren alle durch den unterirdischen Gang entronnen, und konnten nicht wieder erreicht werden, obgleich man ihnen nachsetzte. — Auf seiner Rückkehr von diesem Raubzuge verwüstete Stebing noch die Kirche zu Delmenhorst. (38)

Mit welchem Unwillen die Oldenburgischen Grafen, unter denen damals Anton I. und Christoph hervorglänzen, diese unerhörte Gewaltthätigkeit vernahmen, ergiebt sich aus der Klage, welche sie deshalb beim Kammergericht zu Speyer gegen Bischof Franz anhängig machten. Hier beschwerten sie sich bitter über die Zertrümmerung eines Gebäudes, welches ihre Ahnen gestiftet, und wo mehrere derselben beerdigt wären; bewirkten auch 1537 Sept. 15. ein Verbot fortgesetzter Gewaltthätigkeiten, so wie auch zugleich den Befehl, die ihnen vorenthaltene Grafschaft

Delmenhorst dem Oldenburgischen Hause wieder einzuräumen.

Aber der ungestüme Bischof leistete keine Folge, sondern wurde desto aufgebrachter, so daß er 1538 das ehrwürdige Gebäude gänzlich zertrümmerte. Bei diesem letzten Angriffe ist wahrscheinlich erst die Klosterkirche, welche bisher verschont gewesen seyn mag, zu Grunde gegangen; denn jetzt erst erbeutete man die dazu gehörigen Kostbarkeiten, als: schöne Kelche, Meßgewänder, Kleinodien, Gestühle, Altäre, Tafeln, Säulen auf dem Chor, Orgeln, Glocken u. dergl. Sie wurden nach Münster gebracht, um den dortigen beraubten Dom damit wieder auszuschmücken. Die große Glocke soll sich noch daselbst befinden, und, wie ein vor mehrern Jahren dort gewesener Huder behauptet hat, zur Umschrift — — Hudana — — haben. Die große schöne Orgel schenkte Franz, wie es heißt, seinem Metropolitan, dem Erzbischofe von Cöln. — Die Mönche erhielten indessen eine lebenslängliche Versorgung, wie viel? ist unbekannt. Doch wurde ihnen die oben (S. 68) angeführte Bau in Schlüte mit zum Unterhalte angewiesen. Die Mönche versetzten dieselbe aber für 200 Goldgulden zu Meyerrecht an Johann Vogt zu Berne. Graf Anton II. lösete sie 1597 von Emke Stablander, welche des J. Vogt Wittwe geheurathet hatte, wieder ein, und legte sie dem Huber Vorwerke bei.[1] (39)

Nähere Umstände der Zerstörung sind nicht bekannt. Vielleicht wurde das Kloster mit Pulver gesprengt; mehrere weit zerstreute Stücke, welche unter andern auf der

---

[1] Bollers.

Heide im Süden des v. Witzleben'schen Gartens noch vor einigen Jahren sich fanden, scheinen dieses anzudeuten.¹) (40)

Was für uns aus der Verwüstung gerettet ist, sind die noch vorhandenen Documente, welche wahrscheinlich die Mönche, da sie schon längere Zeit vorher ihr Schicksal vermutheten, nebst andern Wichtigkeiten nach Oldenburg in Sicherheit werden gebracht haben. — Hundert Jahre, spricht man, wurde am Kloster gebaut, hundert Jahre stand es in Flor, hundert Jahre nahm es ab. — Stürmen der ältern Zeit hatte der Marienhafen glücklich überstanden; der letzte aber, ein furchtbar tobender Orcan, warf auch seine festesten Bollwerke um. — Hamelmann ²) giebt über die Zerstörung seinen Unwillen also zu erkennen: „die Münsterländer, welche Katholiken und heilige Verehrer der Römischen Lehre scheinen wollen, zerstörten das weitläufige Kloster Hude und zerstreuten die Mönche — das waren die Früchte solcher Domherren und Bischöfe."

Erst nach der That und nachdem er eine für ihn günstig ausfallende Fehde darüber mit den Grafen Anton I. und Christoph geführt hatte, ³) suchte der Bischof sein Betragen zu rechtfertigen. Er schreibt in einem Briefe von 1542: ⁴) „er habe, da der Abbt und die vornehmsten Conventualen das Kloster verlassen hätten und entwichen wären, dasselbe aus erheblichen nothwendigen Ursachen, so wie mit Unterhaltunng der dort gebliebenen Conventualherrn nach ihrem freyen Willen in Verwaltung genommen,

---

¹⁾ Verglichen über die Zerstörung: Chytraci Saxonia Tom. IV. p 282; Hamelm. S. 382; Winkelm. S. 364, Not. p. 501; Vollers Bl. 73; von Halem II. S. 55 f. ²) Histor. eccl. pars I. lit D. 3. apud Winkelm. not. p. 501. ³) v. Halem II. S. 57. ⁴) v. Halem II. S. 56.

und befunden, daß durch Unwesen und Verschlechterung des Klosterlebens daselbst unter andern die Wassermühle außerordentlich (grieslich und grimlich) baufällig. sey." Die Sittenlosigkeit der Mönche war freilich nur zu sehr gegründet, ihre Fahrläßigkeit lag am Tage, und in der That mußte Franz 1543 zur Reparation der gedachten Mühle 100 R. Goldgulden zahlen;[1]) aber die Züchtigung war doch zu hart, und die Zertrümmerung des Klosters zeigte nur den Geist eines rohen Kriegers, unempfänglich für Kunst und Wissenschaften. Uns, die spätern Enkeln, erfüllt er mit unauslöschlichem Widerwillen gegen sein Betragen; denn er zerstörte, was unsere Wißbegierde schmerzlich vermißt, und hüllte die Ueberbleibsel in schwer aufzuhellendes Dunkel.

Seitdem findet man kein „Monnikenhude" mehr, und sieht nur mit Mühe die Spuren seines ehemaligen Glanzes; und mahnt es den sinnenden Mann, wandelt er auf Ruinen und Gräbern der Altvordern, wie alle Herrlichkeit dieser Welt einst hinabsinkt in Todesnacht; und ist es ihm, als höre er flüsternde Stimmen alter Klosterbrüder: wie nur zu leicht ist dem Forscher die Verirrung in unsers Gebietes umnachteten Gängen!

Was die fernere Schicksale der Klostergüter betrifft: so blieben sie vorläufig in den Händen des Bischofes, bis 1547 Anton I. Delmenhorst wieder eroberte, und es Oldenburg einverleibte. Die eingezogenen Aufkünfte, die Abbtswohnung, dazu gehörige Gebäude und Grundstücke wurden ein gräfliches Vorwerk, wo die Landesherrschaft Meier, Müller, Brauer sammt dem erforder-

---

1) Doc. H. Conv. B. Nro. 58.

lichen Gesinde hielt, so wie dieses auch blieb, als Anton II. Graf von Delmenhorst und Besitzer der Klostergüter wurde.¹) Den Namen eines Verwalters findet man in folgender Inschrift: „des edlen und wohlgebornen Anthon, Graf und Herr tho Oldenborg u. s. w. wohlgeehrter Johann Sanders, so in Jhro Gnaden Vorwerk tho Monnekehude 42 Jahr vor Meyer gedienet hat, starb im Sept. 1614."²) Etwas weniges von den Einkünften wurde zur Unterhaltung des hiesigen Predigers angewiesen.³)

Graf Anton Günther, welcher zu Hude ein Jagdhaus hatte,⁴) schenkte die Abbtswohnung in Bremen 1654 dem Obersten v. Fränking, welcher sie auf seine Schwiegersöhne v. Kötteritz und v. Lebebuer vererbte, und der letzte sie auf seine Nachkommen brachte.⁵) Graf Anton I. hatte sie schon 1536 an Brun Westerloye unter gewissen Bedingungen für eine rückständige Schuld von 400 Gulden überlassen,⁶) sie aber doch nachher wieder eingelöset.

In den Unterhandlungen wegen der Erbfolge des Grafen Anton Günthers von Seiten des Königs Friedrich III. von Dännemark und des Herzogs Joachim Ernst von Holstein-Plön wurden in einer mehrmals geschehenen Erklärung, ob die Klöster Rastädt und Hude als Pertinenz feudal oder allodial wären, nach einigen Unterhandlungen die Sache 1654 dahin beendigt, daß beide Klöster, welche der Graf seinem Allodialerben, Anton von Aldenburg, zuwenden wollte, zum Reichslehne geschlagen werden sollte, wofür dem genannten Erben das Vorwerk Jade als Aequi-

---

¹) v. Halem II, S. 61 f. 79, 146 f. ²) Leichenstein in der Kirche. ³) Vollers Bl. 81. ⁴) v. Halem II. S. 505. ⁵) v. Halem II, S. 79. ⁶) Doc. H. Conv. BBB, Nro. 16.

valent¹) zufiel. Sonach blieb Hude ein Vorwerk der Landesherrschaft, sowohl bei der gemeinschaftlichen, als auch seit 1676 der Dänischen Alleinregierung.

Als König Christian V. i. J. 1679 von Anton von Aldenburg eine Summe von 20,000 Rthlr. lieh: so wurde dem letztern unter andern auch das Vorwerk Hude versetzt, indessen bald nachher wieder abgetragen.²)

Der Haßbrook, das Reiherholz, der Schnitthilgeloh, der Mönchhof in Moorriem, sind Domainen geworden; mehrere ehemalige sonstige Klosterbesitzungen zu Hude, Nordenholz, Lintel, Schlüte u. a. haben sich zu eigenthümlichen Stäten der Landleute gebildet.

Endlich sind viele noch übriggebliebene Klostergüter als ein **Erbzinsgut** der adlichen Familie v. Witzleben zugefallen. Wie nämlich König Christian V. bei seiner Anwesenheit in Oldenburg 1681³) auch zu Hude war, wurde er vom damaligen Drosten von Delmenhorst, dem Jägermeister und Oberförster Kurt Veit von Witzleben, seinem hohen Stande gemäß, bewirthet, bei welcher Gelegenheit der König diesem seinen Günstling einen Theil des Klostergutes als ein Mannlehen eingab. Indessen wurde der Dotationsbrief erst 1687 ausgefertigt, und dem Inhaber des Gutes eine jährliche Erbzinse aufgelegt. Bis jetzt sind fünf Besitzer gewesen.

———

Bis hieher haben uns die Ueberbleibsel des Klosters beschäftigt. Um aber meinen Lesern den völligen Genuß

---

¹) von Halem II, S. 422, u. III, S. 588; Schloifer in Büsching's Magazin Th. 3, S. 141, 150. ²) v. Halem III, S. 57, 67 f.
³) v. Halem III, S. 46.

ihrer Anwesenheit in Hude zu zeigen, führe ich sie jetzt noch zu andern merkwürdigen Gegenständen, welche im Obigen hin und wieder berührt wurden. Diese sind der Lage nach folgende.

Das adliche Haus auf Hude liegt südöstlich ohnfern den Ruinen, ist, wie erwähnt, die vormalige Abbtswohnung, und hatte sonst einen Thurm, der aber vor noch nicht langen Jahren weggebrochen, so wie überhaupt die Wohnung nach dem neuern Geschmacke eingerichtet ist.

Beim Hause befindet sich ein weitläufiger Garten, einer der anmuthigsten und berühmtesten im ganzen Vaterlande, und augenscheinlich theils der ehemalige Klostergarten. Er zieht daher auch viele Fremde an, so daß man im Sommer oftmals große Gesellschaft, vorzüglich aus Oldenburg und Bremen, dort findet.

Jeder Mensch von geläutertem Gefühle, welcher noch nie einen so geräumigen romantischen Garten gesehen hat, wird, wenn er bei der angenehmen Jarszeit in denselben tritt, von einer ganz eigenen Stimmung ergriffen. Er findet alles mit wahrem Geschmacke angelegt und sorgfältig erhalten; er hat den beständigen Genuß einer veredelten Sinnlichkeit, wo das Auge unaufhörlich Abwechselungen erschaut, das Ohr mannigfaltig ergötzt wird. Hier laden ihn schlängelnde Gänge, welche sich durch verschiedenartige Anlagen winden, zum Lustwandeln ein, wo er bald allmälig vom Lichte zum Schatten abwechselnd übergeht, bald sich auf einem lang gedehnten im Halbdunkel durch Nadelholz geschlungenen Pfade befindet; dort ruht das Auge auf einem grünen Anger, und schafft sich in der Bleicherhütte eine Eremitenwohnung; wird aber bald wieder vom Anblick himmelanstrebender Pappeln, alternder Linden und mehrern Gebüsches überrascht. Mancherlei fremdartige Gewächse in ihrer Pracht nicken ihm entgegen; vielfältige Obstbäume lassen ihren Blüthenregen auf ihn herabtaumelm; Blumen im bunten Gemische, theils einem mildern Himmelsstriche entstammend, und im Gewächshause zart gepflegt, säuseln ihm balsamische Wohlgerüche; ein üppiger Küchengarten, schon frühzeitig bestellt, zeugt, wie das Ganze, von der Emsigkeit des Gärtners; mehrere zerstreute Teiche blinken ihm mit spielenden Fischen entgegen, und erhöhen ausnehmend das Mahlerische der Landschaft. Spricht ihn das Wandeln nicht länger an, so bieten ihm kunstlose Gartenstühle und einfache Bänke, die sich hier und dort um Bäume kreisen, einen Sitz an, und deuten allenthalben auf unterhaltende Gesichtspuncte hin, indem sie immer auf Gebüsch, Wasser u. s. w. zeigen. Hier hört man, wie ringsum, aus tausend Kehlen den Gesang verschiedener Vögel, übertäubt von schmetternden, wirbelnden und trillernden Tönen der Nachtigall, wenn diese Königin des Haines ihr Loblied mischt in das große Hallelujah der Schöpfung, und anstimmt den Preisgesang auf den Schöpfer der Natur und ihr wunderschönes Eden; dort ergötzt sich das Ohr am Wasserfalle, der murmelnd und plätschernd dahin rollt. Was die Klosterruinen aus ihren bemoseten und noch jüngst theils mit Ephen bekleideten Mauern dem Wanderer zusprechen, leitet zu Gefühlen und Betrachtungen, welche nur hier ihr ganzes Vollgewicht haben können. Mancher reiche Britte würde eine Menge Sterlinge geben, wenn er solche Trümmer in seinem Parke hätte. — Denkt man sich hinzu, wie in der Vorzeit so viele Mönche hier lustwandelten, so manche

Große gerne verweilten, mehrere Urahnen der geliebten landesväterlichen Regentenfamilie und der Beherrscher des Nordens hier Ruhe im Leben und im Tode fanden: so verläßt man im Vollgenusse den Garten, und dankt der humanen Besitzerin, welche denselben gerne jedem gebildeten Fremden öffnen läßt.

Zur Zeit der Mönche kann der Garten nicht die jetzige Ausdehnung gehabt haben, indem er das Kloster selbst befaßte, und sich nur bis an den südlichen Fischteich (einen Theil der ehemaligen Graft) erstreckte. Dagegen wird der jetzige Kirchhofsgarten dem Kloster das mehrste Gemüse geliefert haben.

Im Osten des Gartens erstreckt sich von N. nach S. der **Baumhof**, ein Gehölz, welches größtentheils aus Eichen besteht, die mit Führen untermischt sind. Der südliche Theil hängt unmittelbar mit dem Garten zusammen; im nördlichen, welcher von dem erstern durch einen Weg getrennt ist, sind vor einigen Jahren schlängelnde Spaziergänge angelegt. Das ganze Holz ist erst bei Aufhebung der Gemeinheit dem Gute beigegeben.

Vom Hofe des adlichen Hauses geht man vor der **Brauerei**, dem gewöhnlichen Absteigequartier der Reisenden, deren ehemalige Bestimmung oben (S. 34) angegeben wurde, vorbei nach dem **Ziegelhofe**. Dieser liegt im W. der Ruine jenseit des Baches, über welche hier eine Brücke führt, die im Herbste abgetragen wird. Er nutzt theils zu Saatland, ist aber wegen seiner ehemaligen Bestimmung noch jetzt voll Ziegeltrümmer. Auch hier findet man in seinen vortrefflichen erst vor einigen Jahren geschaffenen Anlagen und angenehmen Spaziergängen, die sich durch Nadelholz ziehen, vieles Vergnügen.

Vorzüglich ladet ein Thal, welches durch das ehemalige Bette des Baches gebildet wird, ein, und beut auf einem kunstlos angelegten Sitze die lieblichste Ansicht dar. Sehr mahlerisch ist die Ansicht vom Ziegelhofe herab und auf demselben hinauf. — Vor ohngefähr 50 Jahren war dieser ganze Platz mit Eichen und Büchen besetzt.

Südlich davon liegt der **Ziegelhofsgarten**, welcher zu den Pachtstücken gehört.

Aus den Gängen des Ziegelhofes biegt man rechts um, und kommt darauf über eine schöne mit zwei Bogen versehene steinerne Brücke nach der **Meierei**. Diese ist das größte Pachtstück des Gutes; denn sie befaßt das Huder Feld und Oberfeld, die Wiesen vor Maybusch und dem Steingroden an der Berne, so wie die in der vormaligen Gemeinheit liegende weitläufige Schaftrift, wo man nach der Ostseite das jetzt uncultivirte Land in Aeckern liegen findet. Das Hauptgebäude ist außerordentlich lang, weil der Pachter einen sehr starken Ackerbau und Viehzucht treibt, unter andern 300 Schafe (vormals 1000) hält, und wegen seiner Landwirthschaft überhaupt mit jedem Landmanne des Kirchspiels in sehr abweichenden Verhältnissen steht. Die Pachtung ist seit vielen Jahren größtentheils bei der Familie Sanders gewesen.

Von der Meierei kann man südlich durch den **Kirchhofsgarten**, welcher dem Gute zum Gemüsebau dient, nach der jetzigen **Kirche** gehen. Dieser liegt NW. von den Ruinen, O. vom Bache, ist keine von den ehemaligen Kapellen des Klosters, sondern schon in ältern Zeiten zu einer wirklichen Kirche eingerichtet gewesen, also nicht, wie man hat behaupten wollen, aus den Klosterruinen erbaut. Zwei an der Westseite noch sichtbare abgebrochene

Bogen, welche auf Nebenschiffe hinweisen, die Gewohnheit, daß man bei mehrern Klöstern außer der Hauptkirche noch eine kleinere hatte, (41) ihr Schutzheiliger, (42) und auch wohl ihre Weite werden diese Behauptung unterstützen. Diese letztere, welche inwendig 26 Fuß ausmacht, wogegen die Betkapellen nur an 20 Fuß breit waren, und die ehemaligen Seitenschiffe erheben sie über die Kapellen; einen Heiligen würde sie nicht zum Patron erhalten haben, wenn sie nach Zerstörung des Klosters, also nach der Kirchenreformation, wäre erbaut worden.

Sie hat einen 1820 ganz neu erbauten Thurm, der mit Schindeln belegt, und oben mit einem eisernen vergoldeten Schwan als Wetterfahne geziert ist. Im Thurme befinden sich zwei kleine Glocken, wovon die kleinste und älteste mit Mönchsbuchstaben die Umschrift hat: „Ao. Dm. MCCCCXXXIII." Die zweite größere wurde 1780 gegossen, weil die vorigere größere im Jahre 1770 Risse bekommen hatte. Diese ältere enthielt mit Mönchsinschrift folgende Worte: „Sebald. Gronink. von. Erfurt. gos. mich. anno. m. d. lXXVIII." Sie war also, wie die erste, schon vor der Zerstörung des Klosters vorhanden, wog 163 Pf., hatte einen reinen Silberklang, und diente wahrscheinlich zu einer Meßglocke. Die jetzige aus ihr verfertigte wiegt 178 Pf., und hat zur Umschrift: „als Friedrich August regierender Herzog von Oldenburg war, ist diese Glocke für die Huder Kirche umgegossen worden von J. P. Bartels in Bremen den 6. Oct. 1780. Jo. Petr. Lammers Past. zur Hude. Lüer Weser. Heinke Rodiek Jurati."

. Noch vor wenigen Jahren war die Kirche nicht angemahlt, und hatte auch überhaupt inwendig ein nicht gefälliges Ansehen. Aber 1817 bei Gelegenheit der Jubelfeier der Reformation wurde, außer dem Anmahlen, viele Hauptverbesserungen angebracht, wozu unter andern ein schöner Altar, ein freundlicher Beichtstuhl, und auf dem Altarblatte ein Gemälde gehört. Dieses letztere stellt den zum Himmel blickenden Heiland vor, mit in der Hand haltendem Brode und vor ihm stehenden Kelche. Sein Untergewand hat eine Purpurfarbe und das übergeworfene Oberkleid ist blau. Das Gemälde ist kolossalisch, mit einem reich vergoldeten Rahmen verziert, und erscheint am schönsten auf dem Orgelboden. Es ist von einem Mahler in Bremen, Höger, verfertigt.

Die Fenstern der Kirche waren sonst bunt mit kunstreich eingebrannten blauen und rothen Farben, worauf mehrentheils die Namen und Wappen der Grafen von Oldenburg und Delmenhorst, ihrer Gemahlinnen und einiger Verwandte sich befanden. Jetzt sind sie größtentheils weggenommen, und durch hellere ersetzt.

In vorigen Zeiten war eine kleine Orgel oder Positiv in der Kirche, welche aber als untauglich weggesetzt wurde. Die Kirche blieb daher lange Jahre ohne Orgel, bis endlich 1814 durch freiwillige Beiträge der Gemeindemitglieder die jetzige aufgestellt wurde.

Nach Norden an der Seite des Altarsblatts befindet sich ein Kasten, wo Reliquien aus dem alten Kloster aufbewahrt werden, nämlich Haare, Leinewand, Steine und Knochen. (43)

Bei der Kirche sind bis jetzt zwölf Evangelische Prediger gewesen.

Oestlich an den Kirchhof stoßend, und durch ein Stacket davon abgesondert, liegt das vor einigen Jahren eingerichtete **Erbbegräbniß der Familie v. Witzleben**,

Es hat durch Pflanzungen und gemauerte erhöhete Ruhestäte ein freundliches Ansehen.

Von der Kirche geht man durch eine angenehme Lindenallee die Wassermühle vorbei nach der Küsterei. Bei derselben ist ein kleiner Garten, der nur dadurch eine Merkwürdigkeit erhält, daß sich in demselben nahe beim Hause am Bache ein in dem ausgetrockneten Bette der Klostergraft liegendes angenehmes Thal befindet, in welches man durch eine angebrachte Treppe hinabsteigt.

Der Weg von der Kirche nach der eine starke Viertelstunde gegen S. liegenden Pastorei führt häufig durch mahlenden Flugsand. Der dazu gehörige Garten bietet durch seine Anlagen, schlängelnde Gänge, Nähe eines Fruchtkampes, Wiesen, Gebüsch, durch den hinter ihm sich windenden Bach und durch eine große beim Hause stehende Linde, welche einen weiten Raum beschattet, manche Annehmlichkeiten dar.

Daß die Predigerwohnung so weit von der Kirche entfernt steht, hat seinen Grund wahrscheinlich daher, weil bei der letzten alles klösterlich war, man die Grundstücke nicht von einander reißen wollte, und daher keinen Platz zu großen Gebäuden, Garten und Ländereien ausgab. In alten Zeiten stand sie noch weiter zurück, hinter dem Garten jenseit des Baches.[1]) Wahrscheinlich war auch hier Klostergrund; und vermuthe ich daher hier, wie in den Häusern des Sanders, Maaß und Würdemann (s. S. 34) die Wohnung von Laienbrüdern.

Wegen der weiten Entfernung der Kirche bewohnten die ältern Prediger die Pastorei nicht selbst, sondern ver-

---

[1]) Varia Oldenb. Tom. 7. Hude.

mietheten sie, und bezogen daher eigenthümliche Stäte. So wohnte der Paster Mebesius da, wo jetzt J. H. Drieling ohnfern der Kirche wohnt, wozu ihm 1653 Graf Anton Günther ein Stück Land schenkte. Der Pastor Justus Hermann Strackerjan gründete selbst zwischen der Kirche und der Pfarrwohnung eine Brinksitzerei, welche noch von einem seines Namens besessen wird, und wo sich in einer Befriedignng große Steine befinden, welche der Pastor selbst mit aufgesetzet hat. Im Jahre 1722 wurde statt der abgebrannten vom Jägermeister Christoph Burchard v. Witzleben gemietheten Pastorei eine neue erbauet. Diese, welche nachher der Jägermeister Ahlefeld bewohnte, ist ebenfalls 1739 eingeäschert, und darauf, nachdem sie drei Jahre in Schutt gelegen hatte, 1742 die jetzige aufgeführt, und zeitdem immer von dem zeitigen Prediger bewohnt.

Zu den **hübschen Ansichten**, welche sich den nach Hude Reisenden darstellen, gehören folgende:

Wenn man von Oldenburg über Hahnenkampshöhe (eine bei Wüsting liegende, aber nach Hude gehörige Brinksitzerei) durch die Lintler Gemeinheit kommt; so erblickt man ohngefähr in der Mitte derselben nach W. die gebüschichte Hahnenkampshöhe, in weiter Entfernung das hervorragende Schloß zu Oldenburg, links das Wüsteland im Grunde, und vorzüglich die nahe, sich weitstreckende Wüsting, in weiter Ferne das Stedingerland mit dem hohen Berner Kirchthum, rechts den hervorragenden Busch Lemmel, vorwärts den Haverkamp und sonstige Waldgegenden. Das auf dieser Ebene weidende Vieh und die vielen Gänse erhöhen durch ihr buntes Gemisch und stete Bewegung das Mahlerische der Landschaft.

Auf dem Wege von Oldenburg, wenn man sich Hude nähert, schaut man auf der stärksten Höhe des Huder Feldes nach O. die Ruinen, die Kirche und die Gebäude der Meierei mit ihren rothen Ziegeldächern durch grünes Gebüsch hervorblicken. Links hat man das Stedingerland mit dem Berner Thurme im Grunde, und rechts die Flügel der Windmühle, welche kaum aus der Tiefe hervortauchen.

Wer von Bremen über Delmenhorst nach Hude reiset, hat zwischen Nordenholz und Nordheide auf dem langen Berge ebenfalls eine hübsche Ansicht. Man erblickt N. Nordheide, Hude und Neuenkoop mit Gebüsch, O. das im Grunde liegende Moor, das Stedingerland mit dem Berner Thurm und die Gegend jenseits der Weser mit ihren Dünen, SO. Wübbenhorst, Hohenböken mit Gebüsch und Fruchtfeldern, W. einen Theil von Vielstädt mit Gebüsch und Fruchtfeldern, und etwas näher einige Sandhügel.

Von Wildeshausen aus gelangt man über Vielstädt. Hier liegt zwischen Vielstädt und Hude ein kleines hohes Feld, der Hühnewinkel genannt. Wenn man auf denselben hinaufgeht und alsbald sich rechts drehet: so erblickt man einen Theil von Vielstädt W. in einem angenehmen Thale, mit Gebüsch, Wiesen und Feldern, beinahe wie eine Musterkarte.

Auf der stärksten Höhe des Hühnewinkels nach O. stehend schaut man vorne Hude etwas niedrig, links einen Theil von Vielstädt mit Fruchtfeldern und Wiesen geschmückt.

Merkwürdig ist noch Neumühlen zu Neuenkoop auf dem Wege von Berne nach Hude. Graf Anton II. von Delmenhorst legte hier 1573 eine Mühle an, wie eine steinerne Inschrift an derselben bezeugt. Nachher stand hier eine Schanze, welche im 30jährigen Kriege von den Stedingern gegen die Streifereien des Grafen von Mansfeld erbaut und besetzt wurde.[1]) Noch gegenwärtig heißt der Garten hinter der dasigen Scheune die Schanze. Diese Mühle wurde 1687 dem Huder Erbzinsgute beigelegt, und bildet ein Pachtstück derselben.

---

[1]) van Halem II. S. 268; Vollers Bl. 183.

Documenta Hudana,

oder

einige Urkunden des Klosters Hude.

Nro. 1 bis 7.

Nro. 1.

Graf Heinrich der Bogener überträgt dem Kloster Hude seine Gerechtsame zu Nordheide. Jahr 1236.

(ex autographo)

Doc. Hud. Conv. D D. Nro. 1 a.

Henricus dei benedictione comes de Aldenborhc vniuerfis Chrifti fidelibus ad quos prefens fcriptum deuenerit. Omnia facta temporalia curfum fecundum temporalem res digne memoria facile labuntur quoniam perit hominum memoria et nififulciantur hominis facta fcripture teftimonio nefcit homo nunc viuens quid preteritorum hominum bona deuotio boni perpetrauerit. Hinc eft quod cum locus aedis Ciftercienfis altera vice in loco quem vulgus Hutham appellat nunc autem Rubus Sancte Marie dicitur fumpfit exordium. Fratres ipfius loci nos adire rogando quatenus ad fubfidium jumentorum alendorum nec non terminorum dilatacionem quicquid iuris nos in mirica illa quam vulgus Northheithe appellat habemus fratribus concederemus eisdem. Nos vero fuper hoc habito confilio et deliberatione morofa videntes quod neceffaria eft petitio fratrum predictorum et quod nimis eis anguftus locus ab occidentali parte riuuli fuper quem edificant. Ob fpem retributionis diuine preces memoratorum fratrum exaudiuimus et pro anima patris mei

Borchardi et Henrici patrui mei comitibus de Aldenborhc sub sancte crucis vexillo a Stedingis occisorum tam ego quam fratres mei nec non filii dicti patrui mei pari deuotione qua cognatus noster, Comes Otto de Aldenborhc cum filio fratris sui proprietatem mirice ab orientali parte riuuli bene contulit contulimus et nos vt quicquid iuris nostri erat ibidem ipsorum sit absque ullius impedimerto. volentes eidem loco aliquid — — [1]) et indicium bone voluntatis ostendere: Sperantes quod processu temporis locus idem largiorem circa se nos debeat experiri. Acta sunt ab incarnatione domini anno domini millesimo c͡c. (ducentesimo) XXXV͡I. Indictione IX. concurrente II. Ep. XI in Wildeshusen in presentia matris mee Conegundis. Testes sunt: milites et ministeriales nostri Wilhelmus Frondewinus Johannes et Gerardus fratres de Apen, Theodoricus de Rastede.

Nro. 2.

Die Priorin Adelheid von Malegarden im Osnabrückischen schenkt dem Kloster Hude einige Aecker zu Schlüte.
Jahr 1237.

(ex autographo.)

Doc. Hud. Conv. 1. Nro. 1.

Universis Christi fidelibus paginam hanc audituris vel lecturis. Athelheydis dei misericordia priorissa in

---

[1]) Die in dieser und in folgenden Urkunden mit Strichen versehenen Lücken deuten auf verblichene oder unleserliche Wörter des Originals.

malegardeN. Sollicite providendum eft generationi venture ne ibi offendant in peccatum dubietatis et diffidentie ubi complanatum aut integratum eft negotium, jufto accedente contractu et confilio saniori. Hinc eft. quod cum ecclefia noftra et cenobium rubi fanctae mariae Cyftercienfis ordinis Dyocefis bremenfis quosdam agros ex Largitate Gerardi militis de Thonfwe fimul accepiffent. ac tempore afignato indimidiatos quiete poffediffent. placuit nobis et fratribus jam dicti cenobii ut partem poffeffionis memorate quae ad nos fpectabat competendi contractu ad fuam partem acquirerent. eo quod eis magis contigua quam nobis foret haec poffeffio videlicet in terra ftedingorum in villa quam flute nuncupant. Celebratus est autem contractus talis mediante et promovente domino Johanne facerdote procuratore loci noftri cooperantibus nihilominus viris honeftis et fidelibus Domino henrico facerdote in vechta. Alexandro milite. Testes funt Fridericus fnippart. Herbordus de Spadowe. Bartholomaeus de thinglage fenior. Bartholomaeus Sprikke. Brune de KelinghufeN. Arnoldus de Holthorp. Anno gratie millefimo. c.c̊. XXX. VII̊.

Nro. 3.

Graf Otto II. (der ältere) übergiebt dem Kloſter einen Hof zu Bergedorf und ein Gut zu Nordenholz mit Wieſen, Gehölzen, Feldern, Menſchen, bebauten und unbebauten Ländereien. Jahr 1249.

(ex autographo.)

Doc. Hud. Conv. 1. Nro. 10.

Univerſis Chriſti fidelibus preſentem paginam inſpecturis Otto dei gratia Comes in aldenborch Gratiam et Gloriam a domino promereri. Univerſe hominum actiones que geruntur in tempore ne fugacem naturam ſequantur temporis eternari debent ſolicite teſtimoniis litterarum. Ea propter innoteſcat tam preſentibus quam futuris, quod nos conventum portus ſancte marie ordinis Cyſtercienſis Bremenſis dioceſis debita dilectione conplectentes intuita dei omnipotentis ejusque glorioſe genetricis et uirginis marie. damus ei curiam noſtram in Berich-thorpe et predium Northolte cum pratis. nemoribus. areis. Hominibus terris cultis et incultis ceterisque attinentiis univerſis ut ſint eccleſie memorate in jus proprietatis et perpetue poſſeſſionis. omnibusque heredibus noſtris huic noſtre donationi benivolum conſenſum preſtantibus ad quos pertinuit conſentire. Datum in aldenborch anno domini m. c. c. xlix quarto Idus marcii. Teſtes ſunt. Oltmannus. Gerhardus. Liborius fratres. Theodoricus mule. Geltmarus advocatus. Johannes et Gerhardus de apen fratres milites. Godefridus noſter notarius. Gerhardus albus. Wilhelmus anglicus Henricus ſtedingus et alii. quam plures. Ne igitur calumniis adverſantium hoc quod per nos tam rationabiliter geftum eft modo quolibet in pofterum ualeat retractari prefentem paginam confcriptam et figilli noftri munimine confirmatam in teftimonium erogamus.

Nro. 4.
Papſt Alexander IV. giebt dem Kloſter mehrere Einrichtungen und Vorrechte. Jahr 1256.

(ex Transfumtu d. d. 28. Maji 1328.)

Doc. Hud. Nro. 164.

In nomine Domini Amen. Anno incarnationis Ejusdem millesimo trefcentefimo Vicefimo octavo, Indictione undecima pontificatus fanctiffimi in Chrifto patris ac Domini Johannis divina providentia pape XXII anno duodecimo, vicefimo octavo die menfis May. In prefentia reuerendi in Chrifto patris ac Domini Borchardi fancte Bremenfis ecclefie archiepifcopi meique Notary infrafcripti ac teftium fupfcriptorum conftitus reverendus ac religiofus vir Ludgerus Abbas monafterii portus fancte Marie quasdam literas apoftolicas non cancellatas non abolitas nec in aliqua fui parte vitiatas fub veris bulla ftilo et filo de ferico rubei et glauci coloris recitari et legi petit, quarum tenor de verbo ad verbum dinoscitur fore talis: Alexander Episcopus fervus fervorum Dei dilectis filiis Abbati monafterii de portu fancte marie ejusque fratribus tam prefentibus quam futuris regularem vitam profeffis. In perpetuum religiofam vitam - - degentibus apoftolicum convenit adeffe prefidium ne forte cujuslibet temer - - - incurfus aut eos a propofito reuocet aut robur quod abfit facre religionis infringatur. Eapropter dilecti in domino filii veftris iuftis poftulationibus clementer annuimus et monafterium deportu fancte Marie Kremenfis diocefeos in quo diuino mancipati eftis obfequio fub fpeciali Petri et noftra protectione, fuscipimus et — — fuscepti privilegio communimus, in primis fiquidem ftatuentes ut ordo monafticus qui — — et beati Benedicti regulam atque inftitutionem [1]) Ciftercienfum fratum a vobis ante confilium generale fusceptum in eodem monafterio inftitutus effe dinoscitur perpetuus ibidem omnibus inviolabiter obfervertur. Preterea quascunque poffeffiones quecunque bona monafterium inprefentia — jufte et — — poffidet aut — — conceffione — — largitione regum vel principum oblatione fidelium feu aliis iuftis modis preftante domino poterit adipifci, firma vel — — fucceffioribus et illibata parmaneant. Inquibus hec propriis duximus exprimenda vocabulis locum — — in quo prefatum monafterium fitum eft cum omnibus pertinentiis fuis cum pratis vineis terris ufuagiis et pafcuis in bofco et plano cum aquis et molendinis in viis femitis et omnibus aliis libertatibus fuis. Sane — — veftrorum de poffeffionibus habitis ante confilium generale ac — — noualium que propriis manibus aut fumptibus colitis de quibus noualibus aliquis hactenus non percepit fiue de ortis virgultis pifcationibus veftris vel de nutrimentis animalium veftrorum nullus a vobis decimas exigere aut extorquere prefumat. Liceat vobis clericos vel laicos liberos et abfolutos e feculo fugientes ad converfionem recipere et eos absque contractione aliqua retinere. Prohibemus infuper ut nulli fratrum veftorum

---

[1]) ober auch inftructionem.

poſt factam in monaſterio veſtro profeſſionem fas ſit ſine Abbatis ſui licentia de eodem loco diſcedere, diſcedentem vero absque communium — — veſtrarum cautione nullus audeat retinere quod ſiquis — — preſumpſit — — vel ſit in ipſos monachos vel — — regulam ſententia — — Illud diſtinctius inhibemus ne terras ſeu quodlibet beneficium eccleſie veſtre collatum liceat alicui — — dari ſeu alio modo alienari absque conſenſu totius capituli vel majoris aut ſanioris partis. Si qua¹) vero donatores aut alienatores aliter quam dictum eſt forte fecerint eas irritas eſſe cenſemus. Ad hec etiam prohibemus ne aliquis monachus vel conuerſus ſub protectione veſtre domus aſtrictus ſine conſenſu et licentia Abbatis et maioris partis capituli veſtri pro aliquo fideiubeat ut ab aliquo mutuo pecuniam accipiat ultra ſummam capituli veſtri prouidentia conſitutam niſi propter manifeſtam domus veſtri vtilitalem, quod ſi facere forte preſumpſerit non teneatur conventus pro hys aliquatenus reſpondere. Licitam preterea ſit vobis in cauſis propriis ſiue ciuilem ſive criminalem contineant queſtionem fratrum veſtrorum teſtimoniis ne pro defectu teſtium ius veſtrum in aliquo valeat deperire. Inſuper auctoritate apoſtolica inhibemus ne ullus Epiſcopus vel quelibet alia perſona ad ſinodos vel conventus forenſes vos citare vel iudicio ſeculari de veſtra propria ſubſtantia vel poſſeſſonibus veſtris ſubiacere compellat, nec ad domos veſtras cauſa ordines celebrandi cauſas tractandi vel aliquis conuentus publicus couocandi preſumat nec regularem — — — Abbatis veſtri impediat, aut de inſtituendo vel remouendo eo qui pro — — — contra ſtatuta Ci-

---

¹) ober qui.

ſtercienſis ordinis ſe aliquatenus ---. Si vero Epiſcopus in cuius parochia domus veſtra fundata eſt cum humilitate ac deuotione qua convenit requiſitus ſubſtituerit Abbatem benedictum et alia que ad officium epiſcopale pertinet -- ¹) renuerit licitum ſit eidem Abbati, ſi tamen ſacerdos fuerit, proprios nouitios benedictos et alia que ad officium ſuum pertinent exercere et vobis omnia ab alio Epiſcopo precipere que a veſtro fuerit indebite denegata. Illud adiicientes quod in recipiendis profeſſionibus que a benedictis vel benedicendis Abbatibus exhibentur ea ſine Epiſcopi ſtema (oder ſcema) et expreſſione --- que ab origine ordinis noſcitur inſtituta vt ſcilicet Abbates -- Epiſcopo ſaluo ordine ſuo profiteri debeant et contra ſtatuta ordinis ſui nullam profeſſionem facere compellantur. Pro conſecrationibus -- altarium vel capellarum ſive pro oleo ſancto vel quolibet eccleſiaſtico ſacramento nullus a vobis ſub obtentu aſſuetudinis vel alio modo quiccunque audeat extorquere, ſed hec omnia gratis vel Epiſcopus diocefanus inpendat, alioquin liceat vobis quemcunque malueritis catholicum adire antiſtitem gratiam et communionem apoſtolice ſedis habentem qui noſtra fretus auctoritate vobis quod poſtulatur inpendat quod ſi ſedes diocefani Epiſcopi forte vacuerit interdum omnia eccleſiaſtica ſacramenta a vicinis Epiſcopis accipere -- et absque contradictione poſſitis ſic tamen vt ex hoc in poſterum propriis Epiſcopis nullum preiudicium generetur. Quia vero interdum proprii Epiſcopi copiam non habetis ſi quem Epiſcopum Romane

---

¹) Die beiden unleſerlichen Wörter ſcheinen valide conficere zu heißen.

fedis vt diximus gratiam et communionem habentem et de quo plenam notitiam habeatis per vos — — contigerit ab eo benedictiones vaforum et veftrorum confecrationes altarium ordinationes monachorum auctoritate apoftolice fedis recipere valentis. Porro vt Epifcopi vel alii ecclefiarum rectores in monafterium veftrum vel perfonas inibi conftitutas fufpenfionis excommunicationis vel interdicti fententiam promulgauerint five etiam in — — — veftros pro — — — eft, non — — — fine aliqua occafione — — — que ab apoftolica benignitate vobis indulta funt feu benefactores veftros pro eo quod aliqua vobis beneficia vel obfequia ex caritate preftiterint vel ad laborandum adiuuerint in illis diebus in quibus vos laboratis et alia — — — randem fanctam pertulerint — — — tamquam contra fedis apoftolice indulta prolatam decernimus irritandam nec lubere ille (ftatt illae) firmitatem habeant quas tacito nomine Ciftercienfis ordinis et conuentus indulta apoftolica — privilegiorum conftiterit impetrari. Preterea cum commune interdictum terre fuerit liceat vobis nihilominus in veftro monafterio exclufis excommunicatis et interdictis diuina officia celebrare. P — — — tranquillitatis veftre paterna inpofterum follicitudine proinde volentes auctoritate apoftolica prohibemus vt infra claufuras locorum feu grangiarum veftrarum nullus rapinam feu furtum facere ignem apponere fanguinem fundere hominem tenere capere vel interficere feu violentiam audeat exercere. Preterea omnes libertates immunitates a predecefforibus noftris romanis pontificibus ordine [1]) veftro conceffas necnon libertas et exemptiones

---

[1]) ftatt ordini.

fecularium exactionum a Regibus et principibus vel aliis fidelibus rationabiliter vobis indultas auctoritate apoftolica confirmamus et prefentis fcripti privilegio communimus. Decernimus ergo vt nullorum hominum preterea prefatum monafterium temere perturbare aut ejus posfesfiones auferre vel abblatas retinere minuere feu quibuslibet vexationibus — — fed omnia integra conferventur eorum per quorum gubernationem ac fuftentationem conceffa funt vfibus omnibus [1]) profutura falua fedis apoftolice autoritate. Si qua igitur in futurum ecclefiaftica fecularis vel perfona hanc noftre conftitutionis paginam — — — eam termere venire temptauerit fecundo — — — nifi reatum — — congrua fatisfactione correxerit, poteftatis henorisque fui careat dignitate reamque fe diuino iudicio exiftere de perpetrata iniquitate cognofcat et a facratisfimo corpore et faguine (ftatt fanguine) dei et domini redemptoris noftri ihefu chrifti aliena fiat atque in extremo examine diftincte fubiaceat. Cunctis autem eidem loco fua iura feruantibus fit **pax** domini noftri ihefu Chrifti quatenus et hic fructum bone actionis percipiant et apud ftrictum iudicem premia eterne pacis inueniant. Amen. Fuerunt autem fubfcriptiones infrafcripte fine modis et fignis pofite talis tenoris: Ego Alexander cath - - ecclefie Epifcopus, Ego Odo Tufculanus Epifcopus, Ego Stephanus preneftinerf. Epifcopus, qui fcripti fuerunt et alia linea immediate fub Alexandro Epifcopo predicto: Ego frater Johannes titul. fancti Laurentii in Luaneñ prefbit. cardinalis, Ego frater Hugo titul. fancte Sabine prefbit. cardinalis qui directe pod: fue-

---

[1]) unleferlich, fann auch omnium oder omnimodo heißen.

runt a finiftris Epifcoporum, Ego Richardus fancti angeli dyaconus cardinalis, Ego Ottonianus in via lata dyacon. cardin. Datum (die hier fehlenden Worte im Original=Transumpt, etwa 12—14, sind ganz verblichen und unleserlich; dann folgt:) incarnationis dominice Anno M°. CC°. lvi. (1256) pontificatus noftri domini Alexandri pape quarti anno tertio.

(L. S.) Et ego Henricus de Tefger publicus imperiali auctoritate notarius clericus Monafterien: diocef. predictis recitationi et lecture litterarum prefens fui et de mandato predicti domini Borchardi archiepifcopi fancte Ecclefie bremenfis eas transfumpfi et in publicum inftrumentum transfcriptum redegi meoque figno confueto fignaui. Et nos Borchardus dei gratia fancte bremenfis Ecclefie Archiepifc. fupradictus in maiorem evidentiam hujus [1]) litterarum apoftolicarum ac omnium premifforum teftimonium figillum noftrum prefenti inftrumento publico rogatu fpeciali duximus apponendum. Datum et actum in palatio reuerendi in xto patris archiepifcopi bremenfis prenotati Anno Indictione Pontificatu et menfe prenotatis prefentibus difcretis viris et honeftis dominis Gerhardo dicto Eyfelen, Bernardo dicto Ghos, Henrico dicto Sturden monachis monafterii in Huda, Aluerico Cluver milite, Hermanno dicto de Apen famulo (Knappe) et gherhardo dicto de Sudene cive bremenfi, teftibus ad premiffa vocatis fpecialiter rogatis fuperfcriptionem horum

---

[1]) foll wohl harum heißen.

vocabulorum, recitari et legi fecit, fupra quartam lineam appofitorum que non eſt vitio facta fed errore.

Nro. 5.

Die Gräfin Richenza und ihre Söhne Chriſtian, Otto III., Moritz und Heinrich und deren Brüder verkaufen und ſchenken dem Kloſter ein Gut zu Klein=dalſper mit Zehnten und Pertinenz; fügen auch dieſen noch das Relherholz hinzu. Jahr 1272.

(ex autographo.)

Doc. H. Nro. 45.

Criſtianus dei gratia comes et Otto domicellus de Oldenbörch frater ejus, uniuesis prefentes litteras infpeciuris, falutem in perpetuum. Ad noticiam prefentium et memoriam futurorum hujus fcripti teftimonio declaramus: quod nobilis domina comitiffa Rikenza mater noftra: nos Criftianus et uxor noftra Johannes primogenitus et liberi noftri, nos otto mauritius et henricus fratres ac univerfi heredes noftri: cum fimus fundatores monafterii quod voccatur portus fancte marie. Ciftercienfis ordinis Bremenfis dyocefis, ad honorem dei et in fubfidium deo fervientium ibi fratrum uendidimus eidem monafterio pro trecentis et quadraginta marcis bremenfis ponderis et argenti unam terram fitam in uilla que vocatur parvum Dalfepe, quam dimidiam Thidericus dictus Lapicida coluit, et dimidia adiacet ei: cum divina aduocatia et pertinentiis omnibus proprietatis titulo perpetuo poffidendum. vendidimus etiam eidem monafterio decimam ejusdem ville in dalfepe cum uniuerfis pertinentiis ejus: que decima cum predicta terra quindecim dimidias terras numero comprehendit. Et quod inter has terras una dimidia terra pertinens ad capellam archiepifcopalem in brema dare decimam non confuevit: nos loco illius dimidie terre dabimus eidem monafterio fingulis annis decimam unius dimidie terre noftre in adjacenti villa que pro ipforum commodo magis uidebitur oportuna. Cum vero predictum monafterium defectum pateretur ex carentia filvarum: et emiffent ab hominibus de melme noftris liberis duo ware in filua eorum: nos ipfius monafterii defectum hujusmodi attendentes petiuimus ab ipfis hominibus de melme et ipfis annuentibus ac nobis donantibus facultatem: uendidimus ac donauimus ipfi monafterio integraliter filvam que fita eft in longitudine de holenbeke usque lintloherholte in latitudine vero de palude usque ad uiam fuporiorem que ducit lintlo perpetuo poffidendam. Hoc adjecto quod iidem homines de melme vel eorum pofteri fiue noftri. nihil juris habebunt in ipfa filua, nifi quod exceptis porcis pascere poffunt in ea fua pecora ubicumque monafterium pafcit fua. In recompenfam uero ipfum monafterium denauit hominibus de melme libera. que ab iisolim emerat duo ware. Hanc uenditionem et donationem fecimus de licentia et confenfu venerabilis patris domini Hilleboldi et capituli ecclefie bremenfis. et factam recognouimus ubi prefentes aderant. Otto decanus. Wernerus cellarius. et Thidericus canonicus ecclefie fancti Willehadi Bremenfis. Johannes domicellus de hoya. Nicolaus flekefchilt. Wolterus de hufen. Willekinus frifo. Henricus de Brema fenior. Hermannus de apen. Segehodo de Gropelinge et Celtmarus milites. Henricus dukere. Clode. Alexander de Stadhen. Hertgerus de uerda. Thidericus dux Johannes de haren. Johannes gerlaci. Johannes de borken. Johannes hymmen et alii quam plures. Ad majorem etiam firmitatem ut hec noftra uenditio et donatio rata maneat perpetuo: damus ipſi monaſterio prefentem paginam venerabilium virorum domini archiepiſcopi prenominati et capituli eccleſie bremenſis ac noſtri ſigillorum appenſione ac muninine roboratas. Actum et datum Bremae anno milleſimo ducenteſimo feptuageſimo fecundo feptimodecimo Kalendarum Auguſti die dominicali.

Nro. 6.

Der Abbt Konrad verordnet, wie viel und wie ſtarkes Kloſterbier gebraut werden ſoll; und weiſet zu einer Brauerei zugleich ſein eigenthümliches Haus zu Buttel an, welchem er ſeine Güter zu Bäke beilegt.

Jahr 1306.

(ex autographo.)

Doc. H. Nro. 101.

Frater Conradus dictus abbas portus ſancte marie univerſis ſub habitu regulari deo militantibus in hoc loco inperpetuum ſinceram in domino caritatem. Cum ex debito ſuſcepti regiminis conſtringamur ut malitiam ſcandali ſubmoueamus a ſubjectis et occaſionem querele ac murmuris jam dudum preſtiterat vilitas potus conventualis cupientes huic morbo congruum ad hibere remedium de beneplacito patrum ac dominorum noftrorum videlicet abbatum de veteri monte et valle fancte marie feniorumque domus noftre accendente confilio de ceruifia conventuali fic duximus ftatuendum quod ad fingulas quindenas de plauftro et dimidio auene et quatuor moltys ordei melioris ordei et auene octo vafa cerevifie braxabuntur de braxina priore. ad quod faciendum domum fitam in butle? quam comparavimus pro trecentis marcis bremenfibus affignamus et conventus nofter redditus quatuor marcarum ad bremenfem cereuifiam miniftrandam hactenus habitos ad dictorum octo vaforum braxaturam faciendam fimiliter deputavit. Nos autem defiderantes premiffa firmius obfervari fub atteftatione diuini judicii vniuerfis et fingulis qui in fpiritualibus five in temporalibus hanc domum fucceffiue rexerint commodis confulimus et hortamur ut hanc gratiam conventui non minuant immo potius augmentare pro viribus elaborent mercedis fue premium a fratribus orationis fuffragium in prefenti et eternam gloriam in futuro a domino recepturi. Igitur ut hec ordinatio conventus irrefragabiliter in perpetuum teneatur prefentem paginam de hoc confcriptam et figillis predictorum patrum ac dominorum abbatum et noftro figillatam ad fidei euidentiam in teftimonium erogamus. Datum et actum apud portum fancte marie. Anno domini m. ccc. fexto. In vigilia apoftolorum philippi et jacobi.

Auf der Rückfeite steht:

Ceterum nos frater conradus dictus abbas recognofcimus quod bona noftra fita ad amnem feu uulgariter

Thorbeke que uendidit nobis Willekinus dictus kefevole contulimus et affignavimus ad domum fitam in Butlo ut fecundum modum quem tenor prefentium continet conuentualis ceruifia poffit eo melius et commodius comparari.

Nro. 7.

Die Grafen Johann II. und Christian IV. confirmiren einen Vertrag, welchen das Kloster Hute mit Johann von Lintel wegen des Schnitthilgeloh, des Middelbrooks und der Holzmark errichtet haben.
Jahr 1314.

(ex autographo.)

Doo. Hud. Conv. B. Nro. 33.

Nos Johannes et Chriftianus dei gratia Comites in Delmenhorft univerfis praefentia vifuris feu audituris cupimus effe notum quod n empe [1]) controverfia que interreligiofos viros abbatem et conventum in huda ex una et Johannem de Lintlo et fuos filios legitimos videlicet Johannem, lambertum, helmericum et winandum et eorum veros et legitimos heredes ex parte altera vertebatur fuper profcisfione lignorum talis compofitio nobis mediantibus intervenit fcilicet quod dicti Johannes fui filii et heredes predictorum quintam partem lignorum habe-

---

[1]) heißt wahrscheinlich nempe. Das Document ist an dieser Stelle beschädigt, und das Wort abbrevirt.

bunt perpetuo poffidendam que pars middelenbroke vocatur et eft fita inter viam que tendit a Lintlo usque hillighenlo ab una parte et pratum pertinens ad curiam in Lintlo ab alia parte quatuor aliis partibus monafterio in huda remanentibus in perpetuum libere ac folute. Infuper arbitrati funt invicem minationem pecorum que vulgariter drifth dicitur utrisque debere fore communem excepta paftura porcorum quos quelibet pars minabit ad partem lignorum fibi affignatam tali conditione adjecta quod fi tempore fructuum ac fagorum — — unius partis porci fructus alterius partis cafu depafcere contigerit pars lefa minabit ad fuas caulas ipfos tenendos donec in gratia vel jure ipfi fuit fatisfactum praeterea actum eft inter eos quod per capras fuas invicem fibi nulla damna inferrent. Infuper conventum eft inter eos quod agros et prata antiquitus culta colere poffint et rubeta fi que in illis nata fuerint poterunt pro fuo libitu exftirpare. Hec autem divifio lignorum tantummodo facta est de partibus filve que vulgariter holtmarke dicitur ubi quercus crescunt et fagi cetera vero ligna inter easdem partes communia remanebunt Item actum est inter eos ut fi alterutra partium profciderit ligna partis alterius pars in hoc excedens dabit nobis demidiam marcam et tantumdem parti lefe pro emenda fi ad nos fuper hoc querela fuerit devoluta nulla quoque novalia facient fupradicti Johannes filii et heredes in pratis vel terris exceptis illis terris et pratis que apparuerint quandoque culta fuiffe que anfcoth vulgariter nuncupantur et ad illam unam aream unius cafe quam nunc poffident nullam fuperaddent amplius absque predictorum abbatis et conventus licentia fpeciali.

ad fupradictorum igitur firmitatem inviolabiliter in perpetuum confervandam prefentia noftri figilli munimine duximus roboranda. acta funt hec in Lintlo nobis prefentibus anno domini millefimo trécentefimo quarto decimo feria quarta post feftum Bęati Gregori pape.

Anmerkungen.

(1). Sehr häufig wurden die Trümmer aufgehobener Klöster oder auch der Kirchen zu anderweitigen Bauten gebraucht; denn sie waren, da sie häufig zu Festungen dienten, von Stein gebaut, welches bei Errichtung anderer Gebäude verboten war. Aus den geschleiften Dominikanerkloster und Marienthal zu Aurich baute man den dortigen Zwinger; aus der Klosterkirche Hasselt den Stickhauser Zwinger.[1]

(2). Da die Geschichte und die Einrichtung des Cistercienserordens im allgemeinen selbstredend Einfluß auf das Kloster Hude gehabt haben: so glaube ich nicht, eine zu große Abschweifung zu machen, wenn ich in diesem Excurse einen

Abriß der Geschichte des Cistercienserordens

erfolgen lasse.

Dieser Orden, welcher eigentlich eine Congregation der weit verbreiteten schon im 6ten Jahrhunderte entstandenen Benedictinermönche war, und daher auch den Regeln derselben folgte, nahm seinen Ursprung, als Robert, Abbt von Molesme in Frankreich, der als ein sehr tugendhafter Mann geschildert wird, mißvergnügt über die Lebensart seiner bisherigen Klostergeistlichen, mit 21 ihm gleichdenkenden Mönchen sich aus Molesme entfernte, und sich zu Citeaux (Cistertium), fünf Stunden von Dijon im nachherigen Departement Cote d'or (in Bourgogne) in einer mit Gebüsch und Dornen bedeckten, von dem kleinen Flusse Vouga benetzten, übrigens unfruchtbaren Einöde niederließen, um hier eine

---

[1] Wiarda's Ostfries. Gesch. II. S. 354, 355.

Pflanzschule für junge Geistliche anzulegen. Die Stiftung begann 1098, März 2., so geringe, daß die Klosterbrüder sich nur hölzerne Cellen bauen konnten. Aber der Erzbischof von Lion brachte den Herzog von Burgund dahin, daß er den Bau des Klosters auf seine Kosten beendigte, die Bewohner desselben lange Zeit mit allen Bedürfnissen des Lebens unterhielt, auch ihnen Ländereien und Viehbeschlag schenkte. Der Bischof von Chalons erhob Robert zum Abbte des Klosters, und die Päpste Urban II. und Paschal II. gaben ihre Bestätigung.

Da anfangs die Lebensart der Mönche sehr strenge und ihre Armuth so groß war, daß sie sich bisweilen von Almosen unterhalten mußten: so würde die Anstalt sich mit dem Tode des dritten Abbtes (des h. Stephan) vielleicht aufgelöset haben, wenn nicht der berühmte h. Bernhard von Clairvaux sich ihr angeschlossen hätte. Dieser nahm 1113 mit 30 seiner Gefährten das Kleid der Cistercienser, bezog Citaux, und wirkte durch sein Beispiel so ausnehmend, daß mehrere Personen aus Andächtelei des Zeitalters auch der Welt entsagten, sich in dieses Asyl begaben, und durch ihre vermehrte Anzahl verursachten, daß schon von 1113 bis 1119 zwölf Cistercienserklöster entstanden, unter welchen Clairvaux sich befand, dessen Abbt Bernhard wurde. Sie waren insgesammt durch eine Observanz verbunden, welche in fünf Capiteln alle Einrichtungen bestimmte, die zur Niederlassung der Mönche und ihrem Betragen, so wie zur Erhaltung der Ordensregeln, der Einigkeit, der Unterwürfigkeit und der Liebe nöthig waren. Da wurde denn festgesetzt: daß man keine Klöster dieses Ordens ohne Genehmigung des Bischofs der Diöcese baute, daß dieser alle ihre Privilegien und Einrichtungen erst genehmigte und die Aebte ihm Gehorsam angeloben mußten, so daß alle Vorrechte und Ausnahmen, die nicht auf diesem Wege erfolgten, für erschlichen und für ungültig gehalten wurden. Dieses alles wurde von mehreren Päpsten approbirt. — Es ist erstaunlich, welchen Fortgang der Orden bereits in frühern Zeiten machte; denn 50 Jahre nach seiner Entstehung zählte er schon 500 Klöster. Obgleich man den Entschluß faßte, daß nicht mehrere gegründet werden sollten: so fruchtete dieses doch nicht, indem man 100 Jahre nachher über 1800 derselben findet, wovon die meisten vor dem Jahre 1200 entstanden, und dem h. Bernhard allein ohngefähr 60 ihr Daseyn verdankten. Die Mönche bauten übrigens ihre Wohnungen gerne in Thälern und angenehmen Oertern, und siedelten sich in der Mitte des 12ten Jahrhundertes auch in Deutschland an.

Man muß diese Menge von Klöstern der exemplarischen allgemein bewunderten Lebensart der Cistercienser zuschreiben, so daß man sich eine Ehre daraus machte, solche heilige Menschen in der Nähe zu haben, welche sich dem anschauenden Leben, einer sich anstrengenden Klosterandacht und der Casteiung widmeten. Daher bedienten sich die Mönche bis in die Mitte des 12ten Jahrhundertes nur grober Kleidung, aßen selten Fleisch, keine Fische, Eier, Milch, Käse, als nur mit wenigen Ausnahmen, und wenn man es ihnen zum Almosen schenkte. Auch tranken selbst die Laienbrüder (welche Handarbeiten und überhaupt die Oekonomie des Klosters besorgten, ein besonderes Kleid trugen, als Brüder von den Mönchen begrüßt und mit den besten Segen begabt wurden) keinen Wein. Die Chormönche und die Ordensglieder schliefen nur auf Strohsäcken; ihre einzige Decke war der Leibrock und die Kappe. Sie standen um Mitternacht auf, und sangen bis Anbruch des Tages Loblieder zu Gott, nachher die Prime (das erste Gebet, welches die katholischen Geistlichen in der Kirche absingen) und die Messe, beichteten alsdann, und beschäftigten sich den ganzen Tag mit Arbeiten, Lesen und Beten, ohne sich jemals dem Müßiggange zu ergeben. Bei allen ihren gewöhnlichen Beschäftigungen beobachteten sie ein sorgfältiges beständiges Stillschweigen, mit Ausnahme der Stunden, wo sie geistliche Conferenzen hielten. Ihre Fasten dauerten vom Feste der Kreuzerhöhung bis Ostern. Sie übten mit vieler Liebe Gastfreundschaft gegen Arme aus.

Aber schon im 14ten Jahrhunderte fingen einige Klöster an, den Geist der ersten Väter des Ordens zu verlieren. Denn so wie der Heiligenschein eines aufkommenden Mönchsordens eine übermäßige Freigebigkeit der Großen verursachte: so entstand bei den Bewohnern der Klöster immer mehr Reichthum. Dadurch verdorben übertraten sie häufig und fortschreitend die alte Observanz; ja, es entzogen sich viele Klöster, ihrer ursprünglichen Einrichtung zuwider, der unmittelbaren Bischöflichen Aufsicht, und wurden gegen Erlegung eines jährlichen Schutzgeldes an den Papst für exemt, also dem Römischen Kirchensprengel allein angehörend, erklärt.

So kam es, daß endlich der ganze Orden einen freien Mönchsstaat ausmachte, welcher durch einen hohen Rath regiert wurde. Dieser bestand aus dem Abbte von Citeaux, von Clairveaux und drei andern Aebbten in Frankreich, so wie aus zwanzig sonstigen Definitoren oder Räthen des Generals, als Provinzialen, welche die Aufsicht über die Klöster in einzelnen Provinzen hatten, und in denselben Visitationen hielten, auch als Generalvicare auf den Provinzcapiteln das Präsidium führten. Der Superior des ganzen Ordens war der Abbt von Citeaux, aber seine Gewalt durch das Generalcapitel beschränkt, welches sich beständig in diesem Kloster befand, und der unmittelbaren Oberaufsicht des Papstes untergeben war. Es versammelte sich jedes Jahr im September, wohin indessen die entfernten Aebbte nur alle drei bis sieben Jahr zu kommen brauchten. Cardinäle, Erzbischöfe, Bischöfe beehrten diese Versammlung oftmals mit ihrer Gegenwart; selbst Papst Eugenius III. wohnte ihr einmal bei. Alle Verhandlungen mußten in lateinischer Sprache ausgefertigt werden.

Durch diese Entfernung von der Aufsicht des Diöcesanbischofs verfiel vorzüglich immer mehr Zucht und Ordnung der vorigen Zeit. Unter dem Schutze von Dispensationen und Privilegien, sie mochten nun gegründet oder vorgeblich seyn, aßen die Mönche schon zu gewissen Zeiten Fleisch, unterließen einige Fasten, und fielen allmählig in große Lauigkeit; und, obgleich Papst Benedictus XII. durch eine neue Constitution i. J. 1334 das Uebel zu heben suchte: so fruchtete dieses doch nur auf eine kurze Zeit; denn die Unordnung war 1390 so groß, daß das Generalcapitel damals wieder neue Heilmittel anwenden mußte. Aber auch dieses half nur augenblicklich, da die bald darauf folgenden Schlüsse des genannten Capitels den Mönchen erlaubte, Geld und Land zu besitzen. So konnte auch die Sendung des Nikolaus Heidenreich, eines gelehrten und durch sein ehrwürdiges Alter achtungsvollen Abbtes des Bambergischen Klosters Lankheim, um die deutschen Cistercienser zu reformiren, wenig fruchten.

Bis zum Anfange des 15ten Jahrhundertes war der Orden vereint geblieben, und, obgleich in der ganzen Welt zerstreut, den Superioren in Frankreich unterworfen. Aber einige Mitglieder desselbigen in Spanien, welche den ursprünglichen Geist beibehalten hatten, und sich aus dem Untergange retten wollten, der ihnen bei solchen Umständen drohete, bildeten 1426 eine eigene Congregation, und verursachten dadurch, daß noch mehrere Absonderungen entstanden.

Kriege, wo selbst die Bewohner eines Klosters nicht verschont blieben, und daher manchmal ihre Zuflucht in Städten suchen mußten, Nachsicht der Aebbte und Dispensationen einiger Päpste verursachten, daß der Orden in seinem Verfalle jetzt schnell fortschritt. Man sieht dieses aus den Reformationsartikeln, welche eine außerordentliche Versammlung alter Aebbte desselben 1493 zu Paris ergeben ließ. Aus ihnen leuchtet hervor: daß die Aebbte überflüssigen Aufwand in ihrer Kleidung machten, großes Gefolge hatten, und oftmals zugleich zwei Klöster besaßen — daß die Mönche nicht mehr zusammen im Refectorium aßen — daß die Klosterpforten unregelmäßig offenstanden, und Frauenzimmer Eingang in dieselben hatten — daß die Klostergeistlichen nicht mehr in ihren Ordenskleidern ausgingen — daß sie öffentliche Lustbarkeiten, Schauspiele und Wirthshäuser besuchten — daß sie Trutzwaffen trugen — daß sie gegen die Anordnung des Papstes Benedict XII. ihre Schlafzimmer heitzten — daß sie sich Federbetten, Matratzen, Tücher und Hemder von Leinewand (welche bloß von Sarsche seyn sollten) bedienten — daß sie Fleisch aßen.

Der Orden eilte daher muthwillig seinem Untergange entgegen, und verursachte dadurch, daß schon vor der Reformation mehrere Klöster eingingen. Desto stärker mußte diese große Kirchenverbesserung den tiefgesunkenen Cisterciensern in mehrern Ländern den heftigsten Stoß geben. Was sie noch von ihren Klöstern überließ, verschlang die Revolution in Frankreich, so daß selbst Citeaux nebst allen andern Mönchswohnungen in Folge derselben aufgehoben wurde. Nur wenige Klöster haben sich noch in Spanien, Polen, den Oestreichischen Staaten und in der Sächsischen Oberlausitz erhalten, in welcher letztern gegenwärtig zwei reich dotirte Nonnenklöster, Marienstern und Marienthal, blühen. Das Mönchskloster Neuenzelle in der Niederlausitz wurde 1817 von der Preußischen Regierung gänzlich aufgehoben, so wie schon vorher die berühmten Klöster dieses Ordens in Schlesien dasselbe Schicksal gehabt hatten.

Auch in unsern Nachbarsländern gab es Cistercienserklöster, unter andern: in Ostfriesland Jhlo und Meerhausen; in Münsterland Marienfeld mit dem davon abhangenden Nonnenkloster Rengerink, auch das Nonnenkloster Gravenhorst; im Osnabrückischen die Nonnenklöster Marienborn und Rulle; im Bremischen das Nonnenkloster Lilienthal.

Der Orden hat in mehrern seiner Absplisse, als: Bernhardinern, die einen großen und berühmten Theil davon ausmachten, Observanten, Trappisten u. a. manche berühmte Männer hervorgebracht. So gehörten ihm an: der oben genannte Bernhard, der berühmte Historiker Otto von Freisingen, die Päpste Eugenius III. und Benedict XII., viele Erzbischöfe, Bischöfe und Schriftsteller. Selbst mehrere Fürstliche Personen legten sein Gewand an, unter andern Kaiser Friedrich II. kurz vor seinem Tode, auch einige Princessinnen von Polen. Zu bemerken ist, daß die Militairorden von Calatrava und Alcantara, so wie einige andere, ihm angehörten. Auch wurden die Cistercienser zur Bekehrung der Albigenser Ketzer gebraucht.

Noch ist ihrer Tracht zu erwähnen. Sie war ein weißer oder grauer Rock (daher graue Brüder, graue Klöster), ein schwarzes Scapulier (Obermantel) und eine schwarze Kappe; das Kleid wurde von einem schwarzen wollenen Gürtel zusammengehalten. Im Chor trugen sie ein weißes langes bis auf die Füße reichendes und mit Ermeln versehenes Oberkleid, und auf dem Kopfe eine Kappe mit einem Mäntelchen, welcher vorne in runder Gestalt auf den Gürtel fiel, und hinten in einer Spitze bis an die Wade reichte. Beim Ausgehen bedienten sie sich des genannten weißen Oberkleides und einer großen schwarzen Kappe. Der Abbt führte den oben gekrümmten Hirtenstab. — Ursprünglich war ihr Kleid fahlgrau, wie zu Molesme; aber die heilige Jungfrau erschien dem zweiten Abbte, Alberich, und gab ihm ein weißes Gewand. Zum Andenken dieses Wunders feierten die Mönche das Fest der Niederfahrt der h. Jungfrau. Der genannte Abbt nahm dieselbe nun zur Schutzheiligen an; und daher kam es, daß in der Folge der Orden insbesondere ihr geweihet war. — Die Laienbrüder hatten ein fahlgraues Kleid; ihr Scapulier war einen Fuß lang, reichte über den Gürtel, und endigte sich in die Runde; die Kappe ebenfalls fahlgrau. Im Chor trugen sie einen bis auf die Erde gehenden mit dem Kleide gleichgefärbten Mantel. — Die Novizen (Neulinge) hatten einen Chorrock, welcher bald länger, bald kürzer war, und der bisweilen ganz herunter hing.[1]

---

[1] Vergl. (Helyot) histoire des ordres monastiques religieux et militaires cet. Tom. 5, chap. 35 suiv., aus welchem Obiges größtentheils entnommen ist, und die dortigen Citate; ferner: Miri lexicon ant eccl. p. 137, 138, 200; Hering's Kirchen- und Ketzerlericon S. 100, 154—156; Henke's Gesch. der christl. Kirche, Th. 2, Zeitr. 6, §. 7 u. a.

(3). Zur Prüfung meiner Meinung laſſe ich die Originalwörter der Raſtädter Chronik folgen: capellam autem conſtrui fecerunt in Berchdorpe ſub invocatione ſ. Margaretae, et ibi primo ſe monachi Ciſterſienſes, qui nunc in Huda ſunt, ſe receperunt, donec Stedingi eos abhinc profugarunt usque in locum qui portus ſ. Mariae dicitur ſuffragante Friderico imperatore ſeſe vili tegmine primo receperunt, donec Caeſariſ ac Epiſcopi, comitum et militarium favore non modico regale monaſterium conſtructum inibi haberetur. Gaudeat Dei genitrix, ſe talem egregium pro ſervitoribus ſuis recepiſſe locum. — — — Hujus abbatis (ſcilicet Conradi Raſt.) temporibus monachi Ciſterſienſes, ut dictum est, aequaliter in Berchdorpe, ubi comes Chriſtianus occiſus erat, clauſtrum aedificare nitebantur, ſed loco iſto exiſtente ſecundum quosdam nimis arido, alio loco, ubi nunc clauſtrum eorum ſitum est, a Mauricio comite petiverunt. A quo tamen loco ipſos monachos Stedingi amoventes manſiunculas ſuas parvas, quas adhuc ut pauperes habitabant, confregerunt. — Shiphower, der dieſes wörtlich abgeſchrieben hat, fügt hinzu: et hoc fuit anno MCXC.

(4). Roller bemerkt in der angeführten Stelle: im J. 1405 fing man an, das neue Rathhaus zu bauen. Der Preis dieſer Zeiten war geringe, und koſteten 1000 Mauerſteine eine Mark Lübſch, 8 Tonnen Kalk 8 gr., ein Viertel Bier 7 Schwaren. Bei Vollendung des Baues ſchenkte der Rath den Arbeitsleuten zwei Schinken, die zuſammen 6 gr. koſteten. — — — ein Klafter Holz koſtete höchſtens 8 gr.

(5). Solche Schutzvögte (Patronen) hießen auch Advocaten, Kaſtenvögte, Edelvögte, Schirmherren, zuweilen Vicedomini, aus welcher letzten Benennung das verſtümmelte Wort Vitzthum entſtanden iſt. Bisweilen hatten die Kirchen und Klöſter mit ihnen bedeutende Händel, da ſich die Beſchützer auch wohl in Räuber des geiſtlichen Guts verwandelten.

(6). Um ſich zu erklären, warum ſo viele Gegenden den Namen Hude führen, möchten folgende Bemerkungen nicht überflüſſig erſcheinen. Das Wort kommt von dem Altſächſiſchen hydan — verbergen, oder höden — hüthen, verbergen, ſchützen, her; und bezeichnet daher der eigenthümliche Name Hode, Hutha, Huda, Hüde und Hude einen Ort, wo man etwas verbergen und vor einem Verluſte oder Angriffe beſchützen kann oder ſoll, daher auch: eine Hütte, Wohnung, Wacht, Huth, Trift. Bei den Schriftſtellern des Mittelalters wird es durch villa oder praedium — Dorf und Landgut — übersetzt.¹) Da nun alle diejenigen, welche auf den Grundstücken des Schutzheiligen eines Klosters oder einer andern geistlichen Stiftung sich angesiedelt hatten, oder auf dem Gebiete eines sonstigen Schutzherren wohnten, auch zu deren Schutz verpflichtet waren (die Nothfreien): so bezeichnet der Ausdruck Hode oder Huth diesen Schutz, der sonst wohl Hye, Hege oder Pflege genannt wird. Der Schutzherr verbürgte sich dem Staate für seine Schützlinge, vertheidigte ihre Rechte, und erhielt dafür von ihnen eine jährliche Gerechtsame an natürlichen Producten oder auch an Gelde, desgleichen bei ihrem Absterben das beste Kleid oder Pfand. Deßhalb findet man auch Hodebriefe, jetzt Amtsknechtebücher, in welchen die Hofbesitzer verzeichnet sind, welche Schutzgeld geben.²) Die Hodeleute waren übrigens Freie oder Freigelassene, die nicht in den Krieg zogen, sondern den Acker bauten, oder andere Gewerbe trieben. — Dieser allgemeine Begriff wird die Vermuthung begründen, daß die ganze Gegend, welche Hude heißt, einst dem Schutze der h. Jungfrau durch das Kloster unterworfen war.

Da so viele Oerter den Namen unsers Kirchspiels tragen, so führe ich einige davon an: Buxtehude, eine Stadt, und Ritterhude, ein Dorf, im Herzogthum Bremen, wovon das letztere ein Rittersitz der Herren von Hude war, die häufig in alten Documenten vorkommen, und ihre Burg sehr befestigt hatten; ferner: Fischerhude, eine zu Wilstede bei Ottersberg gehörige Kapelle; Flemhude im Kieler District der adlichen Holsteinischen Güter; Dockenhude, ein Dorf in der Herrschaft Pinneberg; Hohenhude und Grönhude in den Holsteinischen Aemtern Rendsburg und Steinburg; Winterhude, ein Dorf, und Harvstehude, ein ehemaliges Kloster und jetziger Gasthof (welches letztere der Dichter Hagedorn besungen hat), beide im Hamburgischen Gebiete; Hude an der Ems im Bezirke Meppen; Steinhude, ein Flecken an dem von ihm benannten Landsee in der Grafschaft Schaumburg; Hude im Kirchspiele Damme; Hudemühlen, ein Flecken an der Aller im Hannöverschen Amte Ahlden; Hudenbeck, ein adliches Haus in der Grafschaft Ravensberg.

(7). Daß man die ersten Bisthümer in Deutschland gewöhnlich nicht, wie in Gegenden, wo das Christenthum früher

---

¹) Vossius de vitiis sermonis Lat. lib. 2, cap. 9.   ²) Oldenb. Blätter 1823 Nro. 2.

aufkam, in Städten anlegte, ist bekannt. Zu den Zeiten
Karls des Großen war die Residenz des Bischofes gewöhnlich ein Meierhof (curtis), wo dieser Fürst ein Haus mit
einigen Nebengebäuden errichtete, und einen geistlichen Beam-
ten dahin sandte, wodurch Gelegenheit zur allmähligen Erbauung einer Stadt gegeben wurde. Aber auch bloße Klöster
beförderten manchmal die Entstehung von Städten und Dör-
fern. Die angesiedelten Mönche, vorzüglich die Benedictiner,
verbesserten den Landbau, lichteten Wälder, trockneten Sümpfe
aus, und lockten dadurch Menschen herbei, von dieser Um-
schaffung Gebrauch zu machen, und sich deßhalb in der Nähe
des Klosters niederzulassen, wo sie alsdann demselben bemeiert wurden. So entstanden die Städte St. Gallen,
Fulda, Kempten, Helmstädt (welches letztere den Benedictinern seinen Ursprung verdankt, die einen Theil des benachbarten Elmwaldes lichteten, ein Kloster erbauten, und dadurch dem Orte seinen Ursprung und Namen verursachten)
und andere. — Ist es daher nicht sehr wahrscheinlich, daß
unser Hude erst nach Gründung des Klosters und durch von
den Mönchen angefangene und erweiterte Cultur des Bodens
seinen Ursprung nahm, zumal da man weiß, daß außer den
zum Kloster gehörigen Stäten vormals sich keine andere hier
fanden?

(8). Renner sagt:[1]) tho dusser Tyd bedrewen de Gra-
ven tho Oldenborg Ludolph und Hinrich vele Homodes und
Gewalt u. s. w. Renner verwechselt freilich hier die Jahrszahl, aber er will doch gewiß die Beunruhiger des Klosters
genannt wissen.

(9). v. Halem nennt den Erzbischof Hartwig. Da
aber dieser 1207 starb, so kann er nicht Zeitgenosse der genannten Angelegenheiten gewesen seyn, sondern diese müssen
in die Regierung Gerhards II. fallen, welcher von 1219 bis
1258 saß.

(10). Die Originalworte der Urkunde lauten: non
absque dolore cordis et plurima turbatione didicimus,
qnod — — viri religiosi — — a malefactoribus suis in-
jurias sustineant et rapinas — — —. Nachher heißt es
von den Mönchen: conquerentes tam de frequentibus in-
juriis quam de ipsorum cotidiano defectu justitie. Wei-
terhin wird der Bann ausgesprochen über diejenigen, qui

---

[1]) Brem. Chr. Jahr 1200.

possessiones uel res seu domos predictorum fratrum inreuerenter invaserint aut ea injuste detenuerint que predictis fratribus ex testamento decedentium relinquuntur.

(11). — — nec eorum heredes nati et naturi damna, gravamina seu impedimenta monasterio adferre — —.

(12). Auf diesem Wege sollen die Stedinger, als sie bei Altenesch besiegt waren, nach Friesland entflohen seyn, und sonach müßte er früher da gewesen seyn, als die Cistercienser zu Hude angesehen und reich wurden. Wenn dieses sich so verhält, so möchte es mit ein Beweis seyn, daß vor 1236 ein Kloster zu Hude war.

(13). Neuenhuntdorf gehörte ehemals zum Kirchspiele Berne, und war der Papendeich der Kirchweg. Diejenigen Einwohner, welche jetzt nach der Hunte hin wohnen, hatten damals ihre Häuser am Moorwege stehen, versetzten sie aber auf den gegenwärtigen Platz, nachdem im Anfange des 14ten Jahrhundertes ein Abbt von St. Paul hier eine Kirche errichtet hatte. Im Jahre 1261 wurde auch von einem Abbte von St. Paul hier ein kleines Kloster gestiftet, welches die Grafen Ludolf und Moritz confirmirten.[1]

(14). Die Urkunde sagt: uendidimus quatuor particulas, que uulgariter dicuntur stukke, in uilla sitas, que vulgo dicitur arnemerethorp, quas pro tempore coluit Thidericus frater domini uolmari plebani de hollender kerke, abbati etc.

(15). Man kommt zuweilen in Verlegenheit, wie man das Wort domus in den Urkunden übersetzen soll. Am gewöhnlichsten wird es jedoch wohl einen Bauerhof bedeuten, der eine Zeitlang durch mansus und mansio (Hufe), bald aber auch durch domus gegeben wurde. Eine terra bezeichnet in den Urkunden, wie das französische terre, größtentheils ein Landgut, oder schlechthin ein Gut, auch wohl bisweilen einen Acker, welcher Unterschied freilich nicht immer aus denselben zu ersehen ist.

(16). Curien waren Wohnungen der Dompropste, Domdechanten, Domherren und ihrer Vicarien. Die Katharinenkirche in der Sögestraße gehörte zu einem Dominicanerkloster, welches jetzt das Gymnasium und ein damit verbundenes Pädagogium ausmacht. Sie wurde zur Zeit der Re-

---

[1] Bollers Bl. 12; Vogt. mon. ined. 2. p. 162; v. Halem II. S. 81.

formation (1527) verschlossen, und der katholische Ritus aufgehoben. Im 17ten Jahrhunderte wurde sie in ein bis 1802 bestandenes Zeughaus verwandelt, und ist jetzt ein Packhaus, wovon 1823 ein Theil des Daches einstürzte.[1])

(17). domum suam in Butle prope Bernam sitam.

(18). Die Blutzehnten (decimae tenuiores) wurden von lebendigem Vieh, als: Schweinen, Füllen u. s. w., auch Gänsen, Bienen u. s. w. entrichtet, und standen als geringer den bedeutendern Kornlieferungen entgegen. Sie werden auch Schmalzehnten genannt, von Smal — ein Thier, oder smal — geringe. In den ältesten Urkunden heißen sie Ochtnm.

(19). Wahre ist der Theil eines Holzes, welchen ein voller Genosse in der Gemeinheit zu wahren hatte. Einige Genossen hatten zwei Wahren, mancher Edelhof sechs und mehrere. Man unterschied Blumenwahrig d. i. Eichen und Büchen, oder das Blumenholz und die, welche zum Fällen desselben und zur Mast berechtigt waren, hießen Blumenwahrige oder Vollwahrige; der bloß das Unterholz hatte, wurde ein Duftwahriger (Duft — Unterholz) genannt.

(20). Die Urkunde, welche dieses Geschenk begründet, spricht sich so aus: notum esse volumus omnibus tam presentibus quam futuris quod cum patruus noster bone memorie Comes Otto de Aldenborch dilectis nobis fratribus portus sancte marie ordinis Cysterciensis Bremensis diocesis predium in Nienkope cum omni jure et attinentiis suis libere et integraliter contulerit perpetuo possidendum, nos piam ipsius ac laudabilem donationem utpote per omnia gratam nobis pro dei ac sui dilectione ratam habere volumus et habemus de omnium heredum nostrorum benevolentia et consensu. Insuper eorundem bonorum in Nienkope octo virgas jam dictis fratribus in confirmationem prioris donationis patrui nostri cum consensu heredum nostrorum de nostro superaddimus etc.

(21). Erfexen sind diejenigen Eigenthümer von Grundstücken, welche ihre Güter so auf die Nachkommen vererbten, daß sie keinen Consens dazu brauchten, auch nicht für Meier galten. Die Benennung kommt vielleicht von Axt her, welches nicht bloß das Recht der Holzfällung, sondern auch das

---

[1]) Roller's Brem. Gesch. I. S. 147—153, und 226; Bremer Zeitung von 1825. Ueber den Delmenhorstischen Hof s. Meyer's desfällige Schrift in den varia Oldenb. Tom. 3. Nro. 5.

Mitgebiet eines Holzes, welchem ein solches Recht erblich zusteht, bedeutet. Daher bezeichnet in Schweden das Wort Polleye eine große Art bei den Meierhöfen, welche als Merkmal dient, daß man das Recht habe, in den Waldungen Holz zu fällen, also das Erfexenrecht besitze.

(22). Preterea fundum claustri a loco qui cleyrith dicitur usque ad rivum qui holenbeke nuncupatur specificatim in peculium jam dicto conventui contulererunt.

(23). Der Verkauf des Albert Stelle ist mit folgenden Worten der Urkunde belegt: vendidi terciam partem decime in winthusen et unum mansum ibidem cum attinentiis eorundem universis quemadmodum ad nos pleno jure pertinet Domino abbati et conventui de Hutha ordinis Cysterciensis bremensis diocesis pro triginta marcis usualis monete et uno quadrante in Sutherbroke.

(24). In der Urkunde erklären: Lubbeke dictus Spilleke civis in Delmenhorst et Gese uxor ejus quod domos suas et areas equos et vaccas et omnes praeterea res suas mobiles et immobiles quas in praesentiarum habent seu adquisierint per industriam in futurum ob honorem dei et sancte marie genitricis ejusdem et animarum suarum salutem religiosis viris etc. contulerunt. — In der zweiten Urkunde erklären sie ferner: se domum areas vaccas et equos omnesque res quas habent seu acquirere poterunt in futurum de graciosa concessione abbatis et conventus etc. — et ab ipsis precarie possidere.

(25). Das Kloster St. Paul bestand aus vielen großen Gebäuden nebst einer Kirche.[1]) — Als 1545 der Mecklenburgische Edelmann Joachim Penz das Kloster Haßefeld wegen einer ihm vom Bremischen Erzbischofe schuldigen Summe sehr beschädigt hatte: so wurde der Schaden auf 10900 Rt. taxirt. Man sieht aus diesem Anschlage die Menge der Gebäude, nämlich: die Abbtswohnung, Küch-, Keller-, Brau- und Backhaus, des Vogts Haus, Marställe, wovon einer 60 Ellen lang war, ein Vorwerk, zwei Scheunen, ein Schafstall von Stein 40 Ellen lang und 15 breit, Wassermühlen, Schweineställe, auch über 150 Stück Rindvieh und 19 Pferde. Der Kreutzdurchgang der Kirche war 60 Ellen lang und 51 breit.[2])

---

[1]) Roller II. S. 567.   [2]) Vogt. mon. ined. I. p. 191, 192, 222.

(26). So wie man die Documente in den Cellen auf-
bewahrte, und die Nummern der letztern auf denselben durch
cellula 1, cellula 2 u. s. w. verzeichnete, so findet man auch
vom Kloster Hude cellula 15.

(27). Die Anzahl der Mönche in einigen Ostfriesischen
Klöstern war folgende: in Liblum befanden sich 600, in Ma-
riengarden 400, in Dockum 400, in Wittwerum beinahe 1000,
im alten Kloster in der Harne 240, in Barth 140, in Langen 160, im Bouwoes Kloster 170, in Palmarum (welches
im Dollart liegt) 190, in Beerta (auch im Dollart) 40, in
Aland 90, in Schildewolde 160 u. s. w. ¹)

(28). Tale Huda quondam Gymnasium fuit,
Cui nomen Udo grande Comes dedit,
Trecenti alumni in quo paratis
Sub totidem latuere cellis,
Et servierunt cultui Olympio.

(29). In dergleichen Klöstern wurden nicht bloß theo-
logische Wissenschaften, sondern auch andere getrieben, als:
Mathematik, Astronomie, Musik, Dichtkunst u. s. w. Der
gelehrte Trittenheim, Abbt zu Sponheim und Würzburg,
schreibt, daß solche Schulen fast in jedem Kloster gewesen wären. ²) Unter andern zeichnete sich Corvey an der
Weser dadurch aus, daß es lange Zeit hindurch die Pflanzschule gelehrter Geistlichen war, welche als Bekehrer der
Sachsen, Dänen, Schweden und Norweger gebraucht wurden.
Die vier ersten Erzbischöfe von Bremen Ansgar, Rembert,
Adalgar und Hojer waren aus dieser Schule. ³)

(30). Die Lintow oder Linow (wie Hamelmann sie
nennt) ging durch das Stedinger und Neuenhuntdorfer Feld,
woselbst man noch Ueberbleibsel findet, bei Neuenhundorf in
die Hunte. Sie diente zur Binnenfahrt, und muß ziemlich
breit gewesen seyn, da es heißt, daß ein ansehnlicher Theil
der Materialien zum Aufbau der Holler Kirche auf ihr wäre
transportirt worden. Da die Stedinger bei ihrer Fehde von
der Ochtum bis an die Lintow den Steengraben ausschlossen:
so wird sie mit der Ochtum verbunden gewesen seyn. ⁴)

---

¹) Wiarda I. S. 266. ²) Dessen Chr. Hirsaugiense apud Meib.
III. p. 170. ³) Meib. script rer. Germ. III. p. 196; I.
p. 624; Winkelm. not. p. 459 cet. ⁴) Hamelm. S. 58;
v. Halem I. S. 193, 194.

(31). Fürsten und Edelleute verließen bisweilen aus eigenem Triebe, häufig aber auch auf Anrathen der Geistlichen, ihren bisherigen Stand, legten weltliche Kleidung und Waffen ab, und begaben sich, um für ihre Sünden zu büßen, in ein Kloster. Unter andern thaten dieses Rugger, Erzbischof zu Magdeburg, Arnold, Bischof zu Merseburg, Heinrich der Schwarze, Herzog von Baiern, Konrad, Markgraf von Meißen, Volmar, Graf von Klettenberg, Bernhard, Graf von Lippe, und der schon erwähnte Kaiser Friedrich II.[1])

(32). Nach Aufhebung der Klöster Hude und Rastädt wurden die Grafen in der Lambertikirche zu Oldenburg beigesetzt.[2])

(33). Ein merkwürdiges Beispiel solcher Kämpfe der Klostergeistlichen liefert uns ein Nachbarsland. In der bekannten Fehde zwischen den Vetkoopern und Schiringern überfielen 1420 die Schiringischgesinnten Mönche des alten Klosters in Ostfriesland bei dunkler Nacht das dasige Augustinerkloster Lubinga Kerk, wurden indessen zurückgeschlagen, wobei die Sieger zehn Augustiner einbüßten. Die letztern rückten aber in einer andern Nacht abermals vor das alte Kloster, brannten zwei Thore ab, und nahmen zwei Mönche gefangen, welche sie auf dem Kirchhofe zu Lubinga Kerk erhenkten. Das waren christliche Friedensprediger![3])

(34). Das Requiem bezeichnet die Seelmesse der Katholiken, von den Anfangsworten derselben: requiem aeternam dona eis Domine! — gieb, Herr, ihnen ewige Ruhe!

(35). Da die Schilderung des alten Shiphowers so sehr charakterisirend ist, wenn gleich er die Farben wohl zu grell auf sein Gemälde mag aufgetragen haben: so lasse ich die Worte des rechtschaffenen unpartheiischen Mönches im Original hier erfolgen, zumal da sein Werk wohl nicht in vieler Händen seyn wird. Er spricht: — — — ignari et juris canonici imperti, vix primis literis imbuti, qui vix sine confusione, ut ait Pastor in tractatu de curiatorum miseriis, requiem cantare sciunt, et tamen singulis doctis viris tamquam cornutae bestiae rebellicant et in sua asineitate perseverantes super omnes se extollunt. Quomodo

---

[1]) Meib. I. p. 525, 536, 537. [2]) Schloifer in Büsching's Magazin III. S. 124. [3]) Wiarda I. S. 405.

autem praedicabunt, qui literae operam non dederunt? aut quam in praedicando indoctus sacerdos utilitatem auditoribus suis offerre poterit, qui scripturas nescit; verum temporibus nostris in quibus est sicut populus ita et sacerdos, studium scripturarum miserrimi sacerdotes abjiciunt, pro libris scripturarum calices exhauriunt et cotidie se inebriant. Viderint episcopi qui tales idiotas et inscios ad sacerdotii dignitatem promovent, qui imperitis curam ovium Christi commendant. Sedent in sidiis cum potatoribus in tabernis, ludis et commessationibus vacant, non est timor Dei ante caulas eorum. Nomine sacerdotes sunt, conversatione asini, nihil penitus de scripturis intelligunt, discere contemnunt et latina lingua loqui vel scribere nesciunt vix in vulgari exponere evangelia didicerunt. Quantos errores, fabulas et haereses in ecclesiis praedicando populis enuncient quis nisi expertus credere posset? Pro libris liberos comparant, pro studiis concubinas amant. Tales quamvis inscii, quamvis indocti, quamvis ignari adhuc contra privilegia apostolica contra viros doctos latrare non erubescunt. — In einer andern Stelle sagte er: Sie dürsten mehr nach Geld als nach dem Heil der Seelen — — ihre ganze Absicht ist, die armen Schafe zu scheren, auszum.... en und zu ..nden. Er führt aber doch auch das Beispiel eines rechtschaffenen Geistlichen an, welcher bei der Deprecation eines Ehebrechers zu Oldenburg nicht Geld, sondern das Seelenwohl suchte.[1]

(36). Franciscus de Woldegk — — in prima electione se erga omnes veluti agnum mansuetum praebuit, postea turbidus vastator civium Mindensium.

(37). Wilke Stebing, aus einem adlichen Geschlechte des Erzbisthums Bremen,[2] war ein tapferer Held und einer der Vornehmsten bei der Belagerung von Münster, führte auch das Corps an, welches die Stadt 1534 Juni 24. in der Nacht überrumpelte, und die Eroberung nach einer hartnäckigen Gegenwehr der Wiedertäufer entschied. Er war zuletzt Drost des Amtes Kloppenburg, und starb 1570.[3]

(38). Im Landesarchive befindet sich eine alte Abbildung der Klosterruinen, wo das Jahr 1482 als Zeit der

---

[1] Shiph. p. 174. [2] Mushard's Denkmal S. 502. [3] Oldenb. Zeitschrift B. 2. S. 560.

Zerstörung genannt wird, mit dem Zusatze, daß dieselbe auf Befehl eines Grafen von Pyrmont ausgeführt sey. Dieser Irrthum ist augenscheinlich aus der Verschmelzung der Bremisch-Münsterschen Einnahme von Delmenhorst mit der eigentlichen Zertrümmerung des Klosters entstanden. Die Widerlegung ergiebt sich aus allen ächten Documenten. Daß auch i. J. 1482 kein Graf von Pyrmont und Waldeck (kein Franz), sondern ein geborner Graf von Schwarzburg, Heinrich IV., auf dem Münsterschen Bischofsstuhl saß, ist hinlänglich aus der Geschichte bekannt.

(39). Die Mönche der aufgehobenen Klöster in Bremen, unter andern des Katharinenklosters, erhielten zur Versorgung auf Lebenszeit freie Wohnung und jährlich 25 Br. Mk., halb zu Ostern und halb zu Michaelis.[1])

(40). So wurde der große Thurm bei der Burg zu Vechta i. J. 1689 mit 3000 Pfund Pulver gesprengt.

(41). So waren bei dem Kloster Reinfeld im Holstein-Plönschen zwei Kirchen, eine, als die größere, für die Mönche, die andere, als die kleinere und etwas davon entfernte, für die Bewohner der Gegend.[2])

(42). Dieser ist der heilige Ritter Georg (Sunt Jörgen), der christliche Perseus, nach der Legende ein Kapadocier, Kriegstribun und Märtyrer unter der Regieruug des Römischen Kaisers Diocletian. Er tödtete einen Lindwurm, und erlösete dadurch eine gefangene Jungfrau, welche von demselben bewacht wurde. Eine bildliche Darstellung, wie das Haupt für das Wohl seiner reinen unbefleckten Kirche kämpft gegen das Heidenthum, welches dieselbe zu verschlingen dräut, endlich siegt und die Kirche erlöset. In dem Georgskloster nicht fern von Bethlehem sah man oder sieht man noch eine eiserne Kette, mit welcher der Ritter gebunden war. Wenn ein Wahnsinniger sie um den Hals legt, erhält er seinen Verstand wieder, er sey Christ, Jude, Muhamedaner oder Heide.[3]) Diesem Heiligen zu Ehren sind mehrere Orden gestiftet, unter andern der Englische vom blauen Hosenbande, dessen Zeichen sein Bild zu Pferde mit dem Lindwurm kämpfend in emaillirten Golde darstellt. Auch nannte sich

---

[1]) Roller II. S. 170. [2]) Hansen's Nachricht von den Holstein-Plönschen Landen S. 164. [3]) v. Troilo orientalische Reisebeschreibung S. 416.

der i. J. 1388 gestiftete Schwäbische Bund die Gesellschaft von St. Georgenschild. Der Ritter ist Patron der ehemaligen Republik Genua.

(43). Vormals wurden die Reliquien von Katholiken besucht, und konnten einst zur Zeit des Pastor Lammers theuer an dieselben verkauft werden. — Noch vor ohngefähr hundert Jahren zeigte der Küster zu Wardenburg den Münsterländern, wenn sie durch dieses Dorf nach Oldenburg reiseten, das in dortiger Kirche auf dem Altare stehende wunderthätige Marienbild, welches sie verehrten. Dem Küster wurde es aber nachher untersagt.[1]

---

[1] Varia Oldenb. Tom. 7. Wardenburg; v. Halem II. S. 58.

Anhang

Anhang.

Chronologische Uebersicht einer Geschichte des Kirchspiels Hude.

Die kleinen Chauken, Stammväter. — Diese saßen zwischen der Ems und Weser, und werden von Tacitus als das edelste Volk der Deutschen geschildert.

c. 400, die Chauken werden Sachsen (Sassen).

c. 800, Bernhard predigt und befestigt das Christenthum — Er lehrte im Osten der Ems den heidnischen Sachsen das Evangelium, und wurde von Karl dem Großen unterstützt.

1079, vielleicht ein kleines Kloster zu Hude.

1190 oder 91, die Anlagen des Klosters der Cistercienser zu Bergedorf von den Stedingern zerstört. — Wahrscheinlich waren damals schon Cistercienser zu Hude.

1236, Cistercienser gewiß zu Hude — ihr dortiges Kloster nachher immer mehr erweitert und bereichert.

1256, das Kloster erhält vom Papst Alexander IV. bedeutende Privilegien.

1289. Arnold, Abbt zu Hude.

13.. Der Scheffel Rocken kostet 12 gr., welches damals sehr theuer war. (Nach den varia Oldenb. unter dem Artikel Wardenburg war es das Jahr 1368.)

1301. Konrad, Abbt.

1318. Lüder, Abbt.

1348. Schreckliche Pest, der schwarze Tod genannt, welche vier Jahre dauert, und ⅓ Theil der Einwohner aufreibt. — In dem damals größern Wildeshausen sollen innerhalb 15 Wochen 4000 Menschen gestorben seyn, nachdem sie nur drei Tage krank gelegen hatten. Es verschwanden ganze Dörfer, z. B. Norddötlingen, welches 140 Häuser gehabt haben soll, auch wahrscheinlich Schlinge, Windhusen u. a.

1354. Otto, Abbt.

1380. Robert, Abbt.

14.. Erste Erscheinung der Zigeuner (Tatern — Lumpengesindel).

1439. Starke Pest, das große Sterben genannt.

1449. Die Leibeigenschaft der Bauern verwandelt sich in Steuerpflichtigkeit.

1469. Albert Wahlen, Abbt.

1471. Friedrich Schole, Abbt.

1497. Münstersche Herrschaft über die Graffschaft Delmenhorst.

15.. Anfang der Menschenblattern. — Sie wurden zuerst durch die schwarze Garde, ein zusammengelaufenes Kriegsgesindel, welches Graf Johann XIV. gegen die Butjadinger in Sold genommen hatte, verbreitet.

1533. Liborius Lipken, letzter Abbt.

1536. Das Kloster wird auf Befehl des Bischofs Franz von Münster geplündert und theils zerstört.

1538. Das Kloster, und jetzt auch die Klosterkirche, wird völlig zerstört.

1547. Die Grafschaft Delmenhorst wird Oldenburg wieder unterworfen. — Kirchenreformation.

154.. Hude wird ein eigenes Kirchspiel. — Christoph Gülken, erster Pastor.

1573. Neumühlen erbaut.

1578. Pest.

1580. Ernst Ahlers, Pastor.

1597. Anton Kock, Pastor.

1598. Hermann Freese, Pastor.

16.. Huder Neuenkoop gegründet.

1612. Graf Anton II. von Delmenhorst erläßt seinen Eigenbehörigen gegen eine jährliche Abgabe, die Freiheit.

1619. Der Thaler wird auf 72 gr. gesetzt, da er sonst 55 gr. und zuletzt 62 gr. gegolten hatte.

1620. Anton Spannhake, Pastor.

1623. Neumühlen, eine Schanze gegen streifende Truppen im 30jährigen Kriege.

1627 und 28. Kaiserliche Einquartierung, welche vielen Unfug treibt.

1631. Friedrich Mebesius, Pastor.

1647, Maj 23. Christian IX., letzter Graf von Delmenhorst, stirbt — die Grafschaft Delmenhorst mit Oldenburg auf immer vereinigt.

1648. Großer Mißwachs, weswegen Graf Anton Günther Getreide aus Thüringen kommen ließ, und damit die Unterthanen unterstützte.

165.. Maybusch gegründet.

1650 und 51. Theurung — der Rocken kostete theils 64 gr.

1657. Erneuerung der 1640 publicirten Armen=verordnung.

1664. Hermann Strackerjan, Pastor.

1667, Juni 19. Anton Günther, letzter Graf von Oldenburg und Delmenhorst, stirbt. — Die Graffschaften fielen dem Könige von Dännemark Friedrich III. und dem Herzoge von Holstein=Plön Joachim Ernst zu.

1676. Völlige Dänische Regierung, indem der Herzog von Holstein=Plön seine Ansprüche auf die Graff=schaften dem Könige überlassen hatte.

Moorhausen erweitert sich durch Anbau von vier Stellen.

1679. Einfall der Franzosen (die Franzosenzeit hier genannt), welche schlechte Mannszucht halten. — Die Einwohner flüchteten sich beim ersten Schrecken theils in den Haßbrook, theils auch nach Münsterland und andern Gegenden. In der Folge erschlugen sie aber manche von den Feinden.

1681. Die Anzahl der Stellen im Kirchspiel ist 119.

1687. Entstehung des Erbzinsgutes Hube.

1694. Die Naturalien bei den Herrschaftlichen Ab=gaben werden in Geld verwandelt.

Justus Hermann Strackerjan, Pastor.

1699. Theurung — der Sch. Rocken kostete 1 Rthlr. 48 gr., Gerste 1 Rth., Hafer 36—40 gr.; und wußte man sich nicht eines solchen Preises zu erinnern.

170.. Nordheide wird durch Junkermeyer angebaut.

— 1700, August 14. Einfall von Schwedischen und Lüneburgischen Truppen ins Delmenhorstische, welche brandschatzen, aber nachher den Schaden wieder ersetzen müssen.

1703. Seelenzahl im Kirchspiel c. 900.

1709. Strenger Winter bis in die Mitte des Febr.

1711. Die Grafschaft Delmenhorst an Hannover bis 1731 versetzt.

1717, October 31. Feier des zweiten Jubiläum der Kirchenreformation — der Rocken kostet 18 gr.

1719. Das Armenwesen vom Kirchenwesen getrennt, und zwei Armenjuraten bestellt — die unterste Priechel gegen Norden in der Kirche erbaut.

1722. Eine neue Pastorei erbaut, da die vorige abgebrannt war.

1723. Sehr dürrer Sommer, fast in vier Monaten bis Johannis kein Regen.

1724. Der Rocken kostet 44 gr., welches theuer war, das Pfund Butter 4½ bis 5 gr.

1725. Ein Sattler aus Delmenhorst zu Lintel gerädert, weil er hier den reitenden Postknecht ermordet hatte.

1728. Die Oelmühle zu Maybusch gebaut.

1730, Juni 25—27. Jubiläum wegen der Uebergebung der Augsburgischen Confession — Rocken kostet 14—18 gr.

1739. Die Pastorei brennt ab, und wird erst 1742 wieder aufgebaut.

1740. Sehr strenger Winter, worauf eine ergiebige Ernte folgt — der letzte Wolf erschossen.

1748. Viehseuche.

1749. **Johann Peter Lammers, Pastor.** — Viehseuche — von 1745—1749 waren in der Grafschaft Delmenhorst 2921 Stück Vieh an der Seuche gestorben.

175.. Die ersten Kartoffeln gepflanzt. — Sie kamen durch Hollandsgänger in hiesige Gegend, und fanden anfänglich keinen Beifall, weil man sie nur für Schweinefutter hielt.

1751 und 54. Viehseuche. — Anzahl der Stellen im Kirchspiele 185.

176.., März 25. Sehr starke Ueberschwemmung des Baches zu Vielstädt, wobei die Wände eines Hauses ausgespült wurden. Das Wasser lief bloß in dem Vielstädter Bache abwärts und in dem Kimmer Bache aufwärts.

1760. Die jetzige Küsterei erbaut. Anzahl der Stellen im Kirchspiele 206.

1763. Sehr nasser Sommer, manches Heu blieb ungemähet stehen.

1765. Die oberste lange Priechel in der Kirche gegen Norden erbaut.

1767. Die Kirchenbuße abgeschafft. — Juni 2, in Vielstädt brennen drei Hauptgebäude ab.

177.. Das Bier kommt aus allgemeinerm Gebrauche.

1770. Die Lintler und Wüstinger Gemeinheit vermessen und zu Abgaben angesetzt.

1771. Die Feier des dritten Festtages hört auf — Reformationsfest eingeführt — Erlaubniß, die Kinder im Hause taufen zu lassen.

1772. Viehseuche. — Seelenzahl c. 1400. — Im ganzen Kirchspiele, mit Ausnahme von Neuenkoop, war ausgesäet: 18 Scheffel Weitzen, 2186¼ Scheffel Rocken,

4¼ Scheffel Gerste, 1227¼ Sch. Hafer, 152½ Sch. Buchweitzen.

1773, Dec. 14. Anfang der Herzoglichen Regierung — **Friedrich August**, Herzog von Holstein-Gottorp und Fürst-Bischof zu Lübeck, erster Regent.

1774, Dec. 24. Die Grafschaften Oldenburg und Delmenhorst werden zu einem Herzogthume unter dem Namen **Herzogthum Oldenburg** erhoben.

1777, Aug. 31. Sehr heftiger Sturm aus West, der vielen Schaden verursacht.

1778, Jul. 10. Die Holstein-Gottorpische Stimme wird im Reichsfürstenrath der **jüngern Gottorpischen** Linie unter der Benennung „**Holstein-Oldenburg**" übertragen.

1778. Das Schreiben in den Schulen verordnet.

1779. Viehseuche.

1780. Die neue größere Kirchenglocke gegossen — die Schlaguhren werden allgemeiner.

1781. Viele heftige Gewitter.

1784, im Januar und Februar ungewöhnlich hoher Schnee.

1785, Jul. 6. Herzog **Friedrich August** stirbt — **Peter Friedrich Ludwig**, Herzog von Holstein-Gottorp, **Fürst-Bischof zu Lübeck** und regierender Administrator des Herzogthums Oldenburg.

Erste Anlage der neueren Fuhrenkämpe.

1786, Jun. 19. Moorbrand hinter **Maybusch**. — Aug. 1. das jetzige Armenwesen eingeführt.

1788. Strenger Winter. — Es fing Novbr. 24. an zu frieren, und dauerte unaufhörlich bis 1789, Jan. 14., theils heftiger als 1740. Auch 1789, von März 2. bis April 2., strenger Frost.

179.. Der Hurrler Flugsand entsteht.

1790, Jun. 30. Starkes Hagelwetter, vorzüglich zu Vielstädt.

1791. Das neue Gesangbuch wird eingeführt — die Publication der gerichtlichen Proclama von der Kanzel hört auf — es wird jährlich abwechselnd über die Episteln und Evangelien gepredigt — Saat= und Erntefest, wie auch allgemeiner Buß= und Bettag angeordnet. — Rocken 43 gr.

1792. Aufhören des Umgangs der Wöchnerinnen. — Rocken 1 Rthlr. 6 gr.

1793. Erweiterung von Neuenkoop durch neue Anbauer — das Maybuscher und Nordenholzer Moor theils angebaut — das neue Moorhausen entsteht.

1794. Die Plaggenschuppe kommt in Gebrauch.

1795. Durchmärsche von Englischen und Hannoverischen Truppen, die viel Geld bringen, und zu Hoikenkamp ein Lager beziehen. — Die Hirsche vermindern sich sehr, indem sie allmälig weggeschossen wurden. — Rocken 2 Rth. 18 gr. bis 2 Rth. 36 gr.

1797. Nikolaus Wierich Hüpers, Pastor. — Das neue Lehrbuch für die Schulen eingeführt. — Rocken 42 gr.

1798. Ziemlich strenger Winter bis 1799, Febr. 18.

1799. Anzahl der Stellen 264, Seelenzahl 1951. — Rocken 1 Rth. 66 gr., Hafer 54 gr.

180.. Allgemeines Moorbrennen, vorzüglich durch Aufhebung der Gemeinheiten herbeigeführt. — Kuhblat=

tern, welche anfangs keinen Beifall hätten, so daß noch 1806 die natürlichen Blattern Verheerung anrichteten, aber von diesem Jahre an keinen wegraffen — modigere Kleidung — Kaffee.

1801. Seelenzahl 2009 — neue Anbauer beim **Reiherholze** — die Quicke zum Plaggenstechen zuerst gebraucht.

1802, Mai 29 und 30. Gefährlicher Moorbrand zu **Neuenkoop**. — Das Feuer lief den ersten Tag nach dem Reiherholze, und erstreckte sich ohngefähr in einer Ausdehnung von einer Stunde bis nach Neuenkoop, in welcher Fläche Heide und stehender Torf verbrannte. Den folgenden Tag wurde das Feuer durch starken Wind wieder geweckt, und verbreitete sich in das Rockenmoor hinter Neuenkoop, wo man den gerade blühenden Rocken abmähen mußte, um an's Löschen zu kommen. Viele Einwohner verloren ihre ganze Ernte, auch Kartoffeln, welche in der Erde verbrannten, indem das Feuer an einigen Stellen zwei bis drei Fuß tief eindrang.

1803. **Jakob Wilhelm Anton Langreuter**, Pastor.

1804. Erste beeidigte Hebamme zu **Hude**.

1806, Nov. 12. Holländische Militair-Occupation bis 1807, Jan. 6. — Sehr starke Einquartierung.

1807. Anzahl der Stellen 290. — Die Kalkbrennerei zu **Maybusch** angelegt.

1808. Starke Durchmärsche und Einquartierung von Französischen Truppen. — Die **Huder** Gemeinheit getheilt.

1811, Februar. Französische Occupation bis Novbr. 1813. — **Johann Haverkamp**, erster und einziger Maire. — Jun. 2. sehr starkes Hagelwetter.

1812. Großes Holzfällen im Haßbrook durch die Franzosen — die Huder Windmühle gebaut.

1813, May 16. In Vielstädt brennen vier Hauptgebäude ab — der Schürenbusch daselbst angebaut.

Nov. 27. Der Durchlauchtigste Landesfürst kehrt nach Oldenburg zurück. — Dec. 14. Aufruf zur allgemeinen Landesbewaffnung. — Dec. Russische Einquartierung, die an 14 Tage dauerte.

1814. Das Amt Ganderkesee errichtet, Friedrich Christian Gether, erster Amtmann, Johann Müller, erster Kirchspielsvogt — die Neuenkooper Gemeinheit getheilt — die Kirche erhält eine Orgel — das Schulhaus zu Vielstädt gebaut — Winterschule zu Nordenholz.

1815. Diederich Konrad Muhle, Pastor — Durchmärsche von Dänen.

1817, Oct. 31. Drittes Jubelfest der Reformation — viele Hauptverbesserungen im Innern des Kirchengebäudes, die neue Priechel gegen Osten und Süden gebaut — neue Anbauer am Schnitthilgeloh — Rocken kostet 1 Rth. 24 gr. bis 1 Rth. 54 gr.

1818. Erste beeidigte Hebamme zu Lintel — ein wilder Eber im Haßbrook erlegt, der aus dem Hannöverschen herübergestreift war.

1819. Anzahl der Stellen 306, Seelenzahl 2111.

1820. Die Poststraße zu Moorhausen u. s. angelegt — die Schafe größtentheils abgeschafft — erste Hengstkörung.

1821. Die Hurrler Gemeinheit getheilt — Poststation zu Sandersfelde und Postweg von Hude dahin für eine Eilpost, die von Brake kommt, angelegt — ein neuer

Kirchthurm erbaut. — Jul. 10. In Vielstädt brennen zwei Hauptgebäude ab — sehr niedrige Preise. — sehr gelinder Winter, oftmals starke Stürme, mehrere Nebensonnen.

1822. Seit 1793 sind 81 neue Anbauer entstanden, wodurch vorzüglich Moorhausen und Neuenkoop erweitert sind — die Preise bleiben niedrig, Rocken theils 29 gr., Hafer 14 gr., Butter 6 bis 7 gr. — dürrer Sommer, von Pfingsten bis Johannis kein Regen — viel Eichelmast — Gerhard Friedrich Bulling, Amtmann — sehr strenger Winter bis 1823, Jan. 28., das Eis beinahe 4 Fuß dick, der Frost bringt 3½ Fuß ein, hin und wieder Wassermangel, die Wassermühlen stehen still; die strengste Kälte 1823, Jan. 24., Nachts 25¼ Gr. R., Morgens 24 Gr.

1823, Jul 2. Der angeborne Herzog Peter Friedrich Wilhelm stirbt, und der Herzog und Landesadministrator Peter Friedrich Ludwig übernimmt Jul. 5. die Regierung des Herzogthums in eigenem Namen.

Häufiges Kränkeln gegen den Frühling — die Vielstädter und Nordenholzer Gemeinheit getheilt — die Wege sehr verbessert — Johann Hinrich Rodiek, Kirchspielsvogt — gelinder Winter — Zahl der Stellen 326, Seelenzahl 2185 — Rocken 30 gr.

1824. Dürrer Sommer, sehr wenig Regen, wenig Gewitter — Rocken 18 bis 20 gr. — Der Herbst ungewöhnlich warm, regnicht, sehr stürmisch, bisweilen Donner und Blitz.

1825, Jan. und Anfang Febr. windig und regnicht, mitunter Frost. Febr. 3. u. 4. Heftiger Sturm aus NW. Maj 2. Das Amtslocale kommt nach Falkenburg.

Druckfehler.

S. III, Z. 1, statt ! lese , S. IV, Z. 20, st. Vandalismus l. Wandalismus. S. 14, Z. 28, st. ausbeugen l. ausbeugt. S. 18, Anm. 1 Z. 1 und sonst hin und wieder, st. not. l. Not. S. 19, Z. 11, st. 1240 l. 1234. S. 22, Z. 14, st. Johanns l. Johann. S. 35, Z. 7, st. Erbzinsherrn l. Erbzinsträgers. S. 38, Anm. 4, st. aller l. alter. S. 50, Z. 1, st. Plooß l. Ploiß. S. 59, Z. 22, nach bey l. der. S. 63, Z. 22, st. Wolters l. Wolteri. S. 65, Z. 3, st. Gottschal l. Gottschalt. S. 80, Z. 16, st. MCCCCXXXIII l. MCCCCXXXVIII. S. 89, Z. 11, st. competendi l. competenti. S. 91, Z. 16, st supscriptorum l. subscriptorum, und st. constitus l. constitutus. S. 92, Z. 28, contractione l. contradictione. S. 93, Z. 5, st. regulam l. regularem. S. 93, Z. 17, st. vtilitalem l. vtilitatem. S. 95, Z. 5, st. valentis l. valeatis. S. 95, Z. 14, st. randem l. eandem. S. 95, Z. 26, st. tenere l. temere. S. 95, Z. 29, st. libertas l. libertates. S. 96, Z. 25, st. prenestinerf. l. prenestinenf. S. 97, Z. 8, st. Tesger l. Tesgher. S. 98, Z. 12, st. uniuefis l. uniuersis. S. 98, Z. 25, st. divina l. decima. S. 99, Z. 17, st. suporiorem l. superiorem. S. 99, Z. 23, denavit l. donavit. S. 100, Z. 27, ad hibere l. adhibere. S. 102, Z. 7, Johann II. l. Johann XI. S. 102, Z. 17, st. interreligiosos l. inter religiosos. S. 104, Z. 5, st. Gregori l. Gregorii. S. 105, Z. 26, st. Bouga l. Bouge. S. 107, Z. 35, st. verdorben l. verderbt. S. 109, Z. 7, st. alter l. aller. S. 111, Z. 2, st. wörter l. worte. S. 111, Z. 21, st MCXC l. MCXI. S. 116, Z. 18 und 24, st. equos l. equas. S. 119, Z. 1, st. literae l. literis. S. 119, Z. 9, st. in sidiis l. in insidiis. Fast überall ist in vorkommenden Fällen, der Ortographie des Verfassers entgegen, ein i statt y, und Ae, Oe, Ue statt Ä, Ö, Ü abgedruckt.

— 136 —

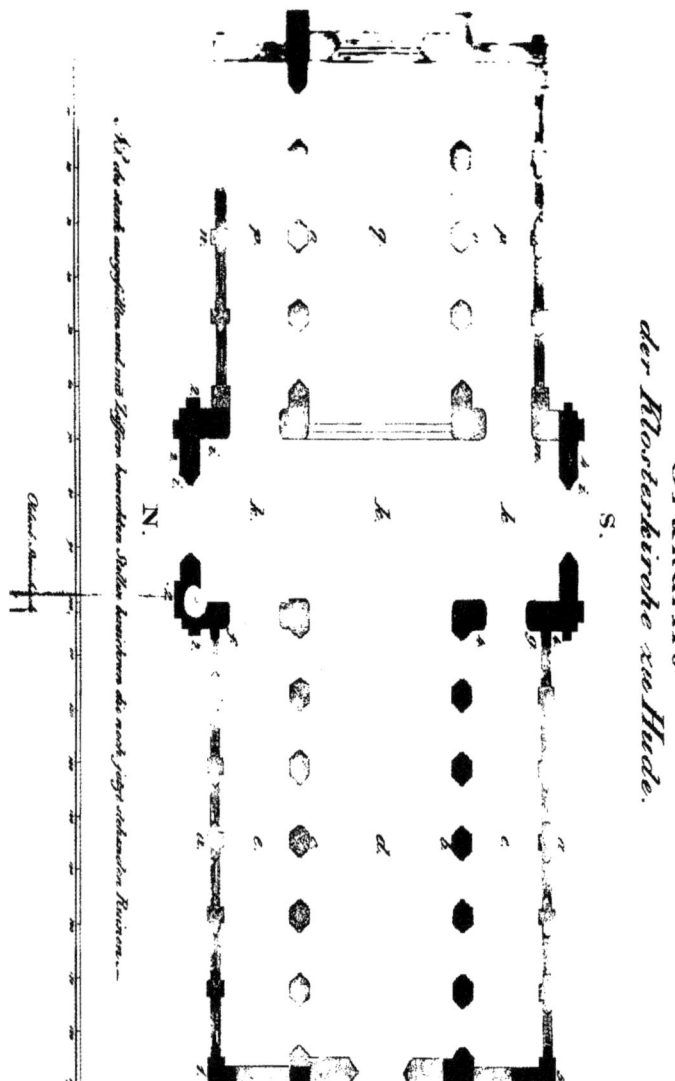

Grundriſs der Klosterkirche zu Hude.